당신은
우크라이나
전쟁을
모른다

당신은
우크라이나
전쟁을
모른다

War
In
Ukraine

이분법을 넘어
한 권으로 이해하는
우크라이나 전쟁

메디아 벤저민Medea Benjamin
니컬러스 J.S. 데이비스Nicolas J.S. Davies 지음
이준태 옮김

오월의봄

우크라이나와 우크라이나 주요 도시 및 주변 지역

돈바스 지역

우크라이나의 군사 점령지 변화

2022년 2월: 러시아의 침공 전

2022년 3월: 러시아의 신속 공세

2022년 11월: 우크라이나의 수복

2023년 6월: 우크라이나의 춘계 공세

- ■ 러시아군 통제 지역
- \\ 러시아군 일부 통제 지역
- ■ 러시아 지원을 받는 분리주의자 점령 지역
- ■ 우크라이나가 점령 혹은 수복한 지역
- □ 2014년 러시아가 합병한 크림반도

출처: 미국 전쟁연구소(Institute for the Study of War)

우크라이나 난민
나탈리아 서가 말하는
전쟁의 시작

정의길
《《한겨레》 국제부 선임기자,《유대인, 발명된 신화》
《지정학의 포로들》《이슬람 전사의 탄생》 저자)

나는 2022년 6월에 안산의 고려인 마을을 방문해 우크라이나 출신 난민 나탈리아 서(34)를 만나 인터뷰했다. 러시아계 고려인으로서 모국어가 러시아어인 나탈리아는 우크라이나 전쟁이 시작된 도네츠크 지역에서 살다가 전쟁 발발 두 달 만에 한국에 난민으로 왔다.

　인터뷰 중 인상 깊었던 대목은 나탈리아는 전쟁의 시작을 러시아가 우크라이나를 전면 침공한 2022년 2월 24일이 아니라 그보다 약 1주일 전인 2월 18일로 인식했다는 것이었다. 나탈리아는 2월 18일에 시작된 우크라이나군의 대규모 대포 공격으로 고향을 떠날 수밖에 없었다며, 전쟁은 그날 시작됐다고 말했다. 나는 우크라이나군의 그 대포 공격이 도네츠크에서 지속되던 내전의 일환이 아니었냐고 되물었다. 나탈리아는 그 이전의 내전 전투는 전선에서 벌어져 후방 주민들의 생활에 큰 영향을 주지 않는데, 2월 18일부터 시작된 대포 공격은 주민들의 생활을 위협해 피난을 갈 수밖에 없었다고 증언했다. 사실, 도네츠크에서 일하던 휴전 감시단은 2월 24일에 앞선 1주일 전부터 우크라이나군의 포격이 강화되는 전투가 격화되었다고 보고하고 있다.

나탈리아의 증언이 우크라나이군의 선공으로 그 전쟁이 시작되었음을 증명한다는 것이 아니다. 그 전쟁은 원인과 경과가 중첩되어, 각자의 위치에 따라 다르게 받아들여진다는 것이다. 나탈리아의 증언은 우크라이나 전쟁의 중요한 원인인 돈바스 지역에서 이어져온 러시아계 주민과 우크라이나 정부의 갈등, 이로 인한 러시아의 개입과 돈바스 내전 발발, 이 내전을 종식하기 위해 국제사회가 참가한 민스크협정의 체결과 붕괴 등으로 조성된 상황을 반영한다. 즉, 돈바스 내전의 격화, 그리고 이 과정에서 우크라이나의 역할이 러시아계 주민과 러시아에 도발로 받아들여져, 전쟁을 야기하는 데 주요한 원인이 되었다는 것이다.

발발한 지 1년 6개월이 지나는 동안 우크라이나 전쟁은 국제 정세를 근본적으로 뒤집는 데 영향을 미쳐왔고, 언제 끝날지 모르는 장기전으로 치닫고 있다. 무엇보다 미국 등 서방 대 중-러 진영이 대결이 고착화되어, 냉전 때보다 양 진영의 대결과 핵전쟁의 우려가 증폭했다. 이 와중에서 한반도의 대결과 전쟁의 위기 역시 커졌다. 한국은 미-일과 더 밀착하고, 북한 역시 중-러와의 협력 체제를 강화하고 있다. 새로 형성되는 한-미-일 체제는 북한과 대화할 필요성을 느끼지 못하고, 중-러가 다시 후원자로 등장하는 북한 역시 미-일 수교에 애면글면할 이유가 사라졌다. 1990년대 이후 북핵 개발을 막고, 북한과 미-일의 수교를 통해 한반도 평화 체제를 만들려는 국제사회의 관여 정책은 이제 붕괴했다.

전반적인 국제 정세나 한반도 정세의 악화는 우크라이나 전쟁으로 주요하게 추동되었다. 서방 및 중-러 진영에 속한 국가들이나 시민들은 이 전쟁을 통해 상대방을 악마화하고, 상대방과의 대결을 불가피한 것으로 받아들이게 된다. 이 화해할 수 없는 대립적인 시각이 이 전쟁을 더욱 격화시켜왔다. 문제는 이런 시각을 주로 양쪽의 프로파간다가 만들어왔다는 점이다. 상대방을 악마화하고 자신을 정당화하는 프로파간다는 이 전쟁의 원인이나 해법 대신 전쟁의 명분만 강화해, 전쟁이 길어지는 데 결정적 역할을 하고 있다.

서방 국가와 미디어에 의존하는 한국사회도 마찬가지다. 우크라이나 전쟁이 '민주주의 대 전제주의의 대결'이며, '민주주의 진영의 미래가 걸린 전쟁'이라는 담론이 지배적이다. 제국주의적 동기를 가진 러시아가 우크라이나를 일방적으로 침략했고, 우크라이나 국민들은 자주와 독립을 추구하며 단결해 러시아에 투쟁하고 있다는 것이다. 그래서 우크라이나가 필요할 때까지 무기 등을 지원해 러시아를 패퇴시켜, 러시아가 점령한 영토를 우크라이나가 완전히 수복하는 것이 전쟁을 끝내고 러시아의 향후 침략도 막는 길이라고 여겨진다.

우크라이나 사태의 주요 원인으로 지목되던 북대서양조약기구North Atlantic Treaty Organization, NATO의 동진 확장에 비판적이던 사람들조차 전쟁이 시작되자 나토 확장 비판은 러시아의 침략 명분일 뿐이라는 입장으로 선회했다. 나토 확장이 러시아의 침략을 정당화할 수는 없다. 하지만 그것이 러시아에게 주요한 안보 우려 사안이고 이 전쟁을 야기한 주요한 사안임은 분명하다. 이를 부인한다면, 협상과 타협의 길은 더욱 멀어질 뿐이다.

★★

이 책은 우크라이나 전쟁을 둘러싼 프로파간다가 형성한 기존의 인식에 도전하고, 그 인식을 깨부순다. 특히, 이 책은 서방 세계의 독자들을 주로 대상으로 하기에, '민주주의 대 전제주의의 대결', '민주 진영의 미래가 걸린 전쟁'이라는 담론이 얼마나 위험하고 허구에 찬 것인지를 드러낸다.

우크라이나 전쟁의 기원을 멀리 잡자면, 우크라이나의 국가성과 민족성이 실재했는지, 실재한다면 언제부터 러시아와 구분되는지 논쟁을 벌여야 하겠으나, 그것은 이번 전쟁의 간접적 배경이므로 저자들은 우크라이나의 이른바 유로마이단 혁명과 러시아의 크림반도 합병이 일어난 2014년 사태를 시작으로 우크라이나 전쟁을 설명한다.

2013년 11월 21일 키이우에서 평화적인 반정부 시위로 시작한 사태를 우크라이나 서부의 뿌리 깊은 친서방 극우 세력이 탈취해, 결국 사실상 쿠데타로 친러 정부인 빅토르 야누코비치Victor Yanukovych를 타도한 이른바 '유로마이단 혁명'은 우크라이나 전쟁을 이해하는 가장 중요한 첫걸음이다. 돈바스 내전의 종식을 위해 체결된 두 차례의 민스크 협정이 극우 세력의 포로가 된 젤렌스키 정부, 우크라이나군에 무기를 지원하고 군사훈련을 강화한 미국으로 인해 좌초하게 되는데, 이것이 결국 본격적 전쟁으로 이르는 과정 역시 잘 보여준다.

한국사회에서 '도발provocation'이라는 용어는 북한이나 권위주의 국가들의 무도한 행동을 지칭하는 말로 인식된다. 하지만 국제정치학에서 '도발'은 중립적인 용어고, 이번 우크라이나 전쟁에서 주로 도발을 한 쪽은 미국 등 서방과 우크라이나라고 저자들은 지적한다. 미국의 진보적 석학 노엄 촘스키 Noam Chomsky도 "러시아 쪽의 범죄성과 어리석음, 미국 쪽의 심각한 도발"을 지적했다. 저자들은 러시아의 침략이 정당화되는 것은 아니라면서도, 누가 먼저 침략했는지뿐만 아니라 누가 주요하게 도발했는지 역시 전쟁의 해법을 찾는 데 똑같이 중요하다고 지적한다.

전쟁의 책임을 러시아의 선제적 침략에만 맞춘다면, 전쟁이 끝날 기미는 없을 것이다. 지금의 상황이 그렇다. 우크라이나와 서방은 이 전쟁이 러시아의 침략 때문이고, 그 침략으로 빼앗긴 영토를 완전히 수복하지 않으면 협상은 없다고 공언한다. 그런데 러시아가 점령한 영토를 돌려줄 리가 없기에 결국은 무력으로 회복해야만 한다. 하지만 인구·자원·병력·무기 등에서 열세인 우크라이나가 서방의 전폭적인 지원을 받는다 해도 당분간 러시아를 패퇴시켜 점령지에서 몰아내는 일은 현실적으로 불가능하다.

러시아가 지난 2022년 연말부터 동·남부 전선에서 요새 등 방어선을 강화하며 점령지 굳히기에 들어간 상황에서, 우크라이나는 서방의 지원을 업고 2023년 6월 초부터 반격 공세를 시작했다. 하지만 우크라이나는 두 달이 지나도록 러시아의 최전선 방어선조차 뚫지 못하고 있다. 서방 언론들도 반격 공세 1주일 만에 우크라이나의 부진을 전하다가, 8월 중순이 지나면서 반격의 실패와 전쟁 교착 우려를 심각하게 보도한다. 《월스트리트저널The Wall Street Journal》은 반격 공세가 사실상 무위로 종료되어 내년에 다시 승부를 걸어야 한다고 전했고,[1] 《워싱턴포스트Washington Post》는 미국 정보기관들도 우크라이나의 성과를 비관적으로 평가한다고 전했다.[2] 미국 정보기관들의 이러한 평가는 서방의 모든 주요 언론에서 앞다퉈 보도했는데, 《워싱턴포스트》는 "우크라이나가 영토를 수복할 선택지가 바닥나고 있다"라고,[3] 《월스트리트저널》은 "우크라

이나에서 달성 가능한 목표의 부재가 끝없는 전쟁을 예고한 다"라고 보도했다.[4]

전쟁 초기 러시아에 대한 규탄, 서방의 단호한 결의와 대처, 우크라이나에 대한 전폭적 지원을 강조했던 서방 언론들은 이제 전쟁의 교착 상황을 통해 서방과 우크라이나가 이 전쟁에서 이기기 힘들다는 현실을 인정하기 시작했다.《포린 어페어스Foreign Affairs》등 저명한 국제문제 평론 저널들도 이 전쟁이 '동결된 전쟁frozen war'이 될 수밖에 없고, 결국 한국전쟁과 같은 식의 해법이 불가피하다는 주장을 전한다. 한국의 휴전선처럼 현 전선에서 큰 변동 없이 전투가 계속되다가 결국 여론과 상황에 밀려 정전을 할 수밖에 없다는 것이다.

이는 러시아가 우크라이나 영토를 점령한 상황은 현실이고, 또한 전쟁이 계속되나 종결되나 바꾸기 힘든 현실임을 말한다. 애초에 우크라이나 영토 역시 소련이 제2차 세계대전에서 승리한 이후 그어놓은 국경선에 따라 만들어졌고, 크림반도는 소련이 1954년에 연방 행정구역을 변경해 우크라이나로 편입시켰다. 우크라이나에는 러시아계 주민이 섞여 살았고, 특히 16세기 이후 러시아의 팽창에 따라 편입된 크림반도 등 남부와 도네츠크 등 동부에는 러시아계 주민이 다수였다. 우크라이나에 러시아로부터 자주와 독립을 주장하는 자결권이 있는 것처럼, 우크라이나 동남부의 러시아계 주민 역시 자결권을 가지고 있음은 원론이다.

상대방을 악마화하고 박멸해야만 한다는 인식하에서는

결국 전쟁만이 유일한 해결책이다. 우리는 전쟁의 배경, 양쪽의 도발과 대응을 냉정하게 따져야만 한다. 그 길만이 전쟁의 해법을 찾게 한다. 그때 전쟁을 반대하는 운동을 힘 있게 벌일 수 있고, 전쟁 주체들을 협상 테이블로 몰아넣어 종전의 길을 찾을 수 있을 것이다. 반전평화운동은 침략을 규탄하는 데 머물지 않아야 한다. 침략이 일어난 배경을 찾아서 그 원인과 해법도 촉구해야 한다.

표면적인 '정치적 올바름'에 매몰되지 않는 페미니즘과 여성평화운동을 펼치는 코드핑크: 평화를 위한 여성CODEPINK: Women for Peace의 공동 창립자인 메디아 벤저민과 진보적 활동가이자 언론인 니컬러스 J.S. 데이비스는 종전과 평화를 위해서는 먼저 이 전쟁의 원인과 책임을 분명히 해야 한다는 주변의 요구를 받고 이 책을 전쟁 발발 몇 개월 만에 썼다. 이 책은 전쟁 초기인 2022년 상반기를 다루고 있지만, 우크라이나의 반격 공세가 성과 없이 지지부진한 2023년 하반기 상황까지 정확하게 짚어낸다.

우리는 베트남전, 이라크전, 아프간전이 어떻게 시작됐고, 끝났는지 이제 잘 안다. 우크라이나 전쟁 역시 이 전쟁들에 대해 그랬던 것처럼, 초기의 호전적 열광이 사라지고 곧 피로감이 몰려오면서 사람들은 왜 전쟁이 일어났는지 비로소 생각하기 시작할 것이다. 그때 우리는 필수적으로 나탈리아 서의 인식을 이해해야 한다. 나탈리아 서에게 우크라이나 전쟁은 2월 24일이 아니라 2월 18일에 일어났다. 그리고 나탈리아 서와 같은 전쟁 당사자에게 이것이 결코 틀린 인식이 될 수 없음을 이해하고 인정해야만 이 전쟁의 해법이 보인다. 이 책이야말로 나탈리아의 그 인식을 해명해줄 책으로, 우크라이나 전쟁을 해명하는 최고의 책이 분명하다.

1 Daniel Michaels, "Ukraine's Slog Prompts Focus on Next Year's Fight," *The Wall Street Journal*, August 13, 2023. https://www.wsj.com/articles/ukraines-slog-prompts-focus-on-next-years-fight-d638cdf7?page=1.

2 John Hudson and Alex Horton, "U.S. Intelligence says Ukraine will Fail to Meet Offensive's Key Goal," *Washington Post*, August 17, 2023. https://www.washingtonpost.com/national-security/2023/08/17/ukraine-counteroffensive-melitopol/.

3 Susannah George, "Ukraine Running Out of Options to Retake Significant Territor," *Washington Post*, August 20, 2023. https://www.washingtonpost.com/world/2023/08/20/ukraine-counteroffensive-analysis-war-russia/.

4 Marcus Walker, "Why Russia's War in Ukraine Could Run for Years," *The Wall Street Journal*, August 20, 2023. https://www.wsj.com/world/europe/why-russias-war-in-ukraine-could-run-for-years-383f0bde.

차례

일러두기

1. 단행본, 정기간행물(신문, 학술지, 잡지, 뉴스레터 등) 등은 겹화살괄호(《 》)로, 논문, 기사, 보고서, 영화, 방송 프로그램 등은 홑화살괄호(〈 〉)로 표기했다.
2. 독자의 이해를 돕기 위해 옮긴이가 덧댄 말은 대괄호([ ])로 표기했다.
3. 미주는 모두 저자들의 것이고, 각주는 모두 옮긴이의 것이다. 단, 본문의 추천사와 머리글의 주석은 후주로 두었다.
4. 본문에 언급되는 단행본 가운데 한국어판이 있는 경우 원서명을 병기하지 않고 한국어판의 제목을 따랐다.
5. 우크라이나/러시아의 인·지명을 표기할 때는 국립국어원에서 심의한 우크라이나/러시아 한글 표기법과 표기 용례를 원칙으로 삼았다.

전쟁은 비극이고 범죄이자 패배다.

✶
✶✶

우크라이나에 대한 러시아의 불법적이고 잔혹한 공격이 계속
이어지면서 전 세계는 이미 엄청난 영향을 받고 있다. 우리는
정치군사적 신세계 질서의 잉태를 목격하고 있다. 화석 연료
에 대한 의존도가 높아지며 기후 행동은 부차적인 문제로 취

급받고 있다.[1] 식량 부족과 기타 자원에 대한 수요로 인해 물가가 오르고 지구적 수준의 기아가 확산되고 있다.[2] 그리고 제2차 세계대전 이후 그 어느 때보다 많은 국제 난민과 국내 실향민이 발생한 세계적인 난민 위기는[3] 정치적·인도적 측면에서 심대한 도전을 마주하고 있다.[4]

그사이 전쟁은 다른 지구적 위기들을 위한 기부금의 흐름을 분산시키고, 식량과 연료 가격 상승에 직면한 국제 개발 기구들에 대한 미국과 유럽의 자금 지원 역량을 감소시키고 있다.[5]

더욱이 우크라이나 전쟁이 지연될수록 핵무기 사고나 핵무기 분쟁의 위기가 더 높아진다.[6] 미국의 로켓 시스템인 하이마스HIMARS나 대함anti-ship 미사일과 같은 무기 지원 규모를 확대하며[7] 러시아를 "약화"시키려는 바이든Joe Biden 미국 대통령의 전략이나[8] 우크라이나군에 대한 미국 정보기관의 지원,[9] 우크라이나 내 특별 작전의 존재에 대해 밝혀진 내용과 같은 사실들은 미국과 북대서양조약기구(이하, 나토)가 러시아와 대리전을 진행 중이라는 것을 분명히 보여준다.[10]

이 대리전으로 인한 효과와 인적·경제적·전략적 비용이 사실에 근거한 분석과 토론, 논쟁의 중심 주제가 되어야 하지 않을까?

메디아 벤저민과 니컬러스 J.S. 데이비스가 쓴 이 입문서는 대안적인 관점, 역사, 맥락을 알고 싶었던 이들에게 꼭 필요한 책으로, 쉽게 접근할 수 있도록 쓰였다.[11]

너무 오랫동안 미국-러시아 관계에 대해 (더 최근에는 우크라이나 전쟁에 대해) 통설과 다른 입장을 지닌 사람들은 주변화되고, 모욕당하고, 심지어 악마화되어왔다. 하지만 서방과 나토가 우크라이나에서 벌어진 비극의 촉매였다고 주장하는 이들은 러시아의 침공을 변명하거나 정당화하는 게 아니다. 이들은 사실에 근거한 분석을 제기할 뿐이다.[12]

지속되는 전쟁은 여전히 잔존하는 군사 기구인 나토뿐만 아니라 미국과 러시아 양쪽의 전쟁 숭배자들의 힘을 필연적으로 강화시킨다. 매파*와 안락의자 위의 전사들은 이번 위기의 해결을 더욱 어렵게 만든다. 미국은 침공이 개시된 이후 현재까지 우크라이나에 470억 달러의 무기 지원과 원조를 약속했다.[13] 이는 미국 국무부 1년 치 예산과 맞먹는 규모고 바이든 행정부가 기후변화에 대처하는 데 쓰겠다고 한 액수를 넘어선다.[14] 한편 미국의 방위산업 대기업들은 여물통 앞에 줄선 소들처럼 대기 중이다. 전쟁이 끝나기 전까지 레이시온Raytheon, 록히드 마틴Lockheed Martin, 노스롭 그루먼Northrop Grumman과 같은 방위산업체들이 거액을 벌어들이는 동안, 많은 러시아인과 우크라이나인, 어쩌면 미국인과 다른 나라 국적의 용병까지 계속 죽어갈 것이다. 그리고 충격적인 것은, [전쟁 관련 언론 보도 방식이 여론에 절대적 영향을 미친다는 것을 경험한] 이라크전 언론 경험 이후 미국의 공중파 및 케이블 뉴스에는 평론가와 '전문

---

*   미국 정치권에서 정당을 불문하고 정치·군사적으로 과격한 쪽을 '매파 hawks', 온건한 쪽을 '비둘기파doves'라고 부른다.

가'(좀 더 정확히는 군 관료 출신 컨설턴트)가 넘쳐나는데, 이들은 자신의 고객 기업이나 고액 연봉의 한직을 제공해준 기업이 어디인지 시청자에게 공개하지 않는다는 사실이다.[15]

미국은 코로나 팬데믹과 경제적 불평등, 일자리와 인플레이션, 위험에 빠진 민주주의, 인종적 분열, 파국적 기후변화가 제기하는 위기에 관심과 자원을 신속히 집중할 필요가 있다. 그러나 지난 수십 년간 참담하게 실패한 안보 질서가 여전히 건재하다. 미국은 국내에서 이러한 문제를 바로잡으려 하기보다 세계의 경찰이 되려 하며 다시 한번 더 외교보다 군사력을 선택하고 있다. 자원과 관심이 강대국 경쟁에 쏠리는 사이 진정한 현재적 위험은 경시된다. 우리에게 필요한 것은 미국이 다스리지 않는 세계의 안보 구조, 즉 강대국 갈등을 격화시키는 게 아닌 제한하는 구조다. 워싱턴 정책 엘리트들 사이에서는 이단에 가까운 말이겠지만, 미국이 단극unipolar 강대국인 탈냉전의 국제 질서는 이제 사망선고를 받았다는 사실을 인정해야 할 때다.

여전히 이번 바이든 행정부의 인사들 다수는 외교와 협상, 타협 같은 개념을 회유나 굴복과 동일시하는 것으로 보인다. 앤터니 블링컨Antony Blinken 미 국무장관은 전쟁 개시 이후로 상대방인 러시아 외무장관과 어떠한 대화도 나누지 않은 것으로 알려져 있다.[16] 백악관은 심각한 외교혐오에 빠져 국내에서의 곤란한 상황도 견딜 준비가 되어 있는 것으로 보인다. 2022년 7월 인터뷰에서 바이든의 고위 경제보좌관은 우크라이나 전쟁으로 인한 기름값 상승을 감내할 수 없는 이들에게 뭐라고 답할 것이냐는 질문에 "이건 자유 세계 질서Liberal World Order의 미래가 달린 문제이고 우리는 굳건하게 맞서야 한다"라고 대답했다(워싱턴 D.C.에서 항상 부족한 겸손이라는 덕목이 그에게 조금이라도 있었다면, 미국 스스로 선택한 처참한 이라크 전쟁 이후 미국이 그다지 규칙에 기초한 질서의 모범은 아니라는 사실을 언급했을 것이다).[17]

미국은 유럽의 무장을 강화하는 대신에 안보 공유와 군축, 군사 활동 중지와 관련한 협상을 개시할 수 없을까? 미국은 무기 지원을 확대하는 대신에, 직접 소통하고 새로운 안보 합의를 할 준비가 되어 있다는 것을 보여주거나 우크라이나의 자결권과 독립을 보존하기 위한 평화협상의 일부로 러시아에 대한 제재를 끝내거나 완화하는 데 반대하지 않는다는 신호를 보내는 것처럼 지혜로운 외교를 확대할 수 없을까?

간단히 말해서, 유럽 중심부에서 벌어지는 결말 없는 전쟁은 우크라이나와 미국, 전 세계 공동체 누구에게도 이익이 되지 않는다.

2022년 7월

카트리나 밴든 후블Katrina vanden Heuvel[*]

---

[*] 1970년대부터 《네이션The Nation》의 소련 관련 국제관계 기사를 담당해온 언론인으로 1995~2019년 《네이션》 편집장을, 2005년부터 발행인을 역임했다. 싱크탱크인 미국 외교협의회Council on Foreign Relations의 회원이기도 하다.

1　Fiona Harvey, "Dire warning on climate change 'is being ignored' amid war and economic turmoil," *The Guardian*, April 3, 2022. https://www.theguardian.com/environment/2022/apr/03/dire-warning-on-climate-change-is-being-ignored-amid-warand-economic-turmoil.

2　Farnaz Fassihi, "Food insecurity and hunger afflicted 2.3 billion people in 2021, and the war will add more, the U.N. says," *The New York Times*, July 6, 2022. https://www.nytimes.com/2022/07/07/world/europe/food-insecurity-and-hunger-afflicted-2-3-billionpeople-in-2021-and-the-war-will-add-more-the-un-says.html.

3　"Figures at a Glance," UNHCR, The UN Refugee Agency. https://www.unhcr.org/en-us/figures-at-a-glance.html.

4　Euan McKirdy, "UNHCR report: More displaced now than after WWII," CNN, June 20, 2016. https://www.cnn.com/2016/06/20/world/unhcr-displaced-peoples-report/index.html.

5　Damilola Banjo, "Russia's War on Ukraine Is Diverting Donor Money From Other Global Crises, UN Expert Says," *PassBlue*, July 20, 2022. https://www.passblue.com/2022/07/20/russias-war-on-ukraine-is-diverting-donor-money-from-other-global-crises-un-expert-says/.

6　Bennett Ramberg, "The Risk of Nuclear Disaster in Ukraine," *Project Syndicate*, February 14, 2022. https://www.project-syndicate.org/commentary/ukraine-nuclear-reactor-risk-by-bennett-ramberg-2022-02.

7　Dan De Luce, "Ukraine is asking Biden administration for anti-ship missiles, drones and rocket launchers, says lawmaker," NBC News, May 4, 2022. https://www.nbcnews.com/politics/national-security/ukraine-asking-biden-admin-anti-ship-missiles-drones-rocket-launchers-rcna27406.

8　Natasha Bertrand, Kylie Atwood, Kevin Liptak and Alex Marquardt, "Austin's assertion that US wants to 'weaken' Russia underlines Biden strategy shift," CNN, April 26, 2022. https://www.cnn.com/2022/04/25/politics/biden-administration-russia-strategy/index.html.

9　Julian E. Barnes, Helene Cooper and Eric Schmitt, "U.S. Intelligence

Is Helping Ukraine Kill Russian Generals, Officials Say," *The New York Times*, May 4, 2022. https://www.nytimes.com/2022/05/04/us/politics/russia-generals-killed-ukraine.html.

10 Kylie Atwood and Barbara Starr, "Biden admin considering sending US special operations forces to protect US embassy in Kyiv," CNN, May 23, 2022. https://www.cnn.com/2022/05/23/politics/us-embassy-kyiv-special-operations-forces/index.html.

11 스티븐 코언의 다음 책 역시 참고하라. Stephen F. Cohen, *War With Russia? From Putin & Ukraine to Trump & Russiagate* (New York: Simon & Schuster, 2019).

12 "John Mearsheimer on the causes and consequences of the Ukraine war," European University Institute, June 17, 2022. https://www.eui.eu/news-hub?id=john-mearsheimers-lecture-on-the-causesand-consequences-of-the-ukraine-war.

13 Ben Freeman and William Hartung, "Putting Biden's new whopping $33B Ukraine package into context," *Responsible Statecraft*, April 28, 2022. https://responsiblestatecraft.org/2022/04/28/putting-bidens-new-whopping-33b-ukraine-package-into-context/.

14 "Budget," USAID. https://www.usaid.gov/cj#:~:text=The%20President's%20Fiscal%20Year%20(FY,above%20the%20FY%202022%20Request.

15 Ryan Grim, Sara Sirota, Lee Fang, Rose Adams, "Cable news military experts are on the defense industry dole, " *The Intercept*, August 19, 2021. https://theintercept.com/2021/08/19/afghanistan-taliban-defense-industry-media/.

16 John Hudson, "As war nears 5th month, Blinken keeps Russian diplomats at arm's length," *The Washington Post*, July 9, 2022. https://www.washingtonpost.com/national-security/2022/07/09/blinken-lavrov-diplomacy.

17 Gerrard Kaonga, "What Is the 'Liberal World Order?' Biden Adviser's Remarks Spark Derision," *Newsweek*, July 1, 2022. https://www.newsweek.com/joe-biden-liberal-world-order-gas-oil-pricesbrian-deese-viral-video-cnn-1720878.

충돌로 가는 길

2022년 2월 24일 러시아가 우크라이나를 침공하기 정확히 1주일 전, 우리는 우크라이나 위기와 관련해 벌어질 수 있는 세 가지 결과를 분석하는 기사를 작성했다. 여기서 우리는 러시아가 추가적인 도발 없이 우크라이나를 침공하는 것은 "가장 가능성이 낮은 시나리오"라고 예측했지만, 명백히 틀리고 말았다.

그 침공이 정말로 도발에 의한 것이었는지 여부는 우리가 이 책에서 살피는 질문 중 하나다. 그러나 이 책의 여러 독자처럼 우리 역시 러시아의 침공에 놀라움과 충격, 공포를 느낄 수밖에 없었다. 전 세계 사람들과 마찬가지로 우리 역시 그때부터 이 위기를 이해하기 위해, 그리고 양 진영에서 쏟아지는 프로파간다의 홍수 속에서 진실을 찾기 위해 노력해왔다. 또한 우크라이나인들이 조국과 삶의 평화를 스스로 회복할 수 있도록 전 세계의 분별 있는 사람들이 어떻게 하면 도울 수 있을지 고민해왔다.

우리는 각자 수년간 전쟁과 평화에 관해 글을 써왔다. 몇 년 전부터 우리는 함께 글을 쓰기 시작했고, 그때부터 전 세계 거의 모든 지역에서의 전쟁과 군사주의, 그리고 국가 간의 강압적 관계가 초래한 위기에 대해 써왔다.

이러한 위기들로 인해 우리는 지난 세기 많은 민중의 생활 수준을 개선시킨 기술적 진전에도 불구하고, 우리가 마주한 점점 심각해지는 실존적 위기는 나아지지 않는다는 거대한 간극을 고민하게 되었다. 그 실존적 위기란 이런 것들이다. 이 유한한 행성에서 어떻게 함께 조화롭게 살 수 있을지, 지구에 사는 모든 이들의 삶을 개선하기 위해 어떻게 하면 지구의 은혜로운 자원을 공유할 수 있을지, 지속가능한 미래를 위해 자연이 인간에게 선물한 기적을 어떻게 보호할 수 있을지.

우리 인간은 의심할 여지 없이 세계의 혼란을 유발해왔지만 모순적으로 이미 우리 문제의 해답 대부분을 가지고 있다. 어떻게 하면 모두에게 공공의료를 제공할 수 있을지, 가난과 빈곤을 개선할 수 있을지, 혹은 이산화탄소 배출에 의한 지구

온난화를 막을 수 있을지. 이 문제들을 해결하기 위한 답은 우리가 이에 대해 질문을 하는지 여부와 무관하게 이미 선반 위에 놓여 있다. 인류가 그 해답을 직접 집어 들고 쌓인 먼지를 털어 실천에 옮기기를 기다리고 있는 것이다.

그 실천을 방해하는 것은 우리의 정치·경제 체제에 내재해있다. 이 체제는 기업의 이윤과 부자·권력기관의 이해관계를 우리 모두의 삶을 개선하는 것보다 우선하기 때문이다.

전쟁과 군사주의야말로 그 결정적 사례다. 우리는 모두 분쟁이 협상 테이블에서 평화롭게 해결되어야 한다는 데 동의할 것이고, 사실 우리는 이미 이것을 유엔 헌장United Nations Charter의 기초로 정해놓았다.* 그러나 우리는 오로지 살인과 파괴라는 두 가지 목적만을 위해 주도면밀하고 아주 값비싸게 제작된 전함과 전투기, 미사일, 여타 무기에 수조 달러를 써왔다.

미국의 아이젠하워Dwight David Eisenhower 대통령이 1961년 자신의 퇴임 연설에서 정확하게 경고했던 대로 냉전 시기 "광대한 정부 국방 조직과 거대한 방위산업 부문의 결합"이 "허가받지 않은 영향력"을 얻게 되었다.

---

* 유엔 헌장 '제6장 분쟁의 평화적 해결'의 제33조 1항은 다음과 같다. "어떠한 분쟁도 그의 계속이 국제 평화와 안전의 유지를 위태롭게 할 우려가 있는 것일 경우, 그 분쟁의 당사자는 우선 교섭, 심사, 중개, 조정, 중재재판, 사법적 해결, 지역적 기관 또는 지역적 약정의 이용 또는 당사자가 선택하는 다른 평화적 수단에 의한 해결을 구한다."

냉전의 종식은 미국, 유럽, 러시아뿐만 아니라 전 세계가 마침내 군비를 줄이고 충분히 실현 가능한 더 나은 세계를 만들기 위해 자원을 재투자할 절호의 기회였다.

　그러나 우리 모두가 냉전 이후 꿈꿨던 '평화의 배당금peace dividend'은 미국의 군산복합체나 나토, 다른 냉전적 제도들과 조직들이 소련의 붕괴를 이용해 군사적 우위를 확대하는 방향으로 진화하면서 '힘의 배당금power dividend'이라는 논리로 대체되었다. 미국과 그 동맹국들은 전 세계에서 더 넓고 자유롭게 군사력을 사용할 새로운 논리들을 개발했고, 그것은 유고슬라비아, 아프가니스탄, 이라크, 소말리아, 레바논, 팔레스타인, 리비아, 시리아, 예멘에서 재앙과 같은 전쟁으로 이어졌다.

　이런 군사작전의 상당수는 자기방어를 위해서 또는 유엔 안전보장이사회UN Security Council가 "국제 평화와 안전을 회복하기 위하여" 사용할 것을 승인하는 경우가 아니라면 "군사적 위협이나 사용"을 명확히 금지하고 있는 유엔 헌장을 정면으로 위반한 것이다. 그러나 지구상의 유일한 초강대국이 정글의 법칙, 혹은 '힘이 곧 정의'라는 원칙에 기대고 있는데, 감히 누가 국제법의 규칙을 집행할 수 있을까?

　반면, 과거 냉전 시기 서구의 숙적이었던 러시아는 경제적 '충격 요법shock therapy'의 대상이 되었다. 국가 자원과 국유산업의 급속한 민영화를 골자로 서구 신자유주의 경제학자들의 감독하에 진행된 충격 요법으로 인해 러시아의 GDP가 65퍼센트 하락하고, 남성 평균수명은 65세에서 58세로 낮아지는 등 1990년대 러시아의 경제는 붕괴 직전의 상태가 되었다. 또한 충격 요법은 부패한 방식으로 정부 자산을 매입해 막대한 부를 축적한 정치 동맹 사업가들인 올리가르히oligarch 계급을 만들어냈다.

블라디미르 푸틴Vladimir Putin은 1999년 러시아의 총리로 임명되었고 2000년에는 대통령에 당선되었으며 이후에도 20년 이상 번갈아가며 두 자리를 유지했다. 푸틴은 부패 척결을 내세우고 자신을 반대했던 올리가르히를 선택적으로 처벌하면서 러시아 정부의 영향력을 복원했고 러시아 경제가 회복되는 과정을 주도했다. 푸틴 정부는 2008년, 푸틴의 두 번째 대통령 임기 말에는 빈곤율을 30퍼센트에서 15퍼센트로 끌어내리고 러시아의 GDP를 1990년 수준으로 회복하며 러시아 경제를 소생시키는 성과를 거두었다.

그는 또한 송유관과 가스관 신설로 러시아의 석유와 가스 업계를 재건하고 유럽과 중국 대상의 수출도 확장시켰다. 이렇게 민중의 삶을 개선하고 러시아의 경제적 주권과 국제적 위상을 회복시켰기 때문에 푸틴은 여전히 러시아에서 막강한 대중적 인기를 유지하고 있다.

고르바초프Mikhail Gorbachev에서 푸틴에 이르기까지 러시아의 지도자들은 서방에 경제 및 안보 파트너로 인정되길 원했다. 러시아는 1994년부터 2009년까지 체첸에서 이어진 잔혹한 전쟁*의 결과로 이슬람 극단주의와 테러리즘에 시달리고 있었고 푸틴의 러시아는 미국의 '테러와의 전쟁'에도 협력하고 있었다.

러시아는 미국이 일으킨 전쟁에 개입하지 않았고 오히려 아프가니스탄에서는 미군에 군수물자 이동과 보급로를 지원했다. 푸틴은 2007년 뮌헨 안보회의Munich Security Conference 이전까지는 공식적으로 나토의 확장에 반대하거나 러시아와 중국을 포함하는 좀 더 폭넓은 국제안보 체제를 요구하지 않았다.

2011년 미국과 동맹국들은 러시아의 가까운 동맹이었던 시리아의 아사드Bashar al Assad 정권을 전복하기 위해 시리아 내의 알카에다Al-Qaeda와 연계된 조직들의 무장을 지원하기 시작했다.' 이에 러시아는 동맹국인 시리아를 지키기 위해 군사적으로 개입했는데, 이는 서방 세력의 전쟁 만들기에 대한 러시아의 첫 군사적 대응이었다.

이후에도 푸틴은 아사드 정권의 화학무기 사용 의혹으로 촉발된 위기를 해결하기 위해 미국 오바마Barack Obama 정부와 협의했고 이란 핵합의, 즉 포괄적 공동행동계획Joint Comprehensive Plan of Action, JCPOA으로 귀결되는 이란과의 협상을 도왔다. 하지만 뒤에서 설명할 것처럼, 초기 오바마 정부와 푸틴 정부의 이

---

* 1991년 소련 해체 이후 러시아로부터의 독립을 선언한 체첸공화국과 러시아 간에 전개된 두 차례의 전쟁. 러시아가 체첸 내전에 개입하며 1994년부터 1996년까지 진행된 1차 전쟁에서는 러시아와 체첸 모두 큰 피해를 입고 평화협상을 체결했지만 체첸의 독립 문제는 공식적으로 해결되지 않았다. 1999년 시작된 2차 전쟁에서는 러시아가 1년 만에 체첸 지역의 대부분을 점령했고, 이후 체첸 반군은 산악지대에서 무장 투쟁을 지속하며 테러 공격 등을 지속했지만, 러시아는 2009년 체첸의 '반테러 작전'을 종결했다고 선언했다.

런 협력은 2014년 우크라이나에서의 발생한 일련의 사건들로 인해 약화되었고, 그 사건들은 우크라이나, 러시아, 미국, 그리고 미국의 서방 동맹국들이 전쟁에 이르게 되는 결정적 국면이었다.

그런 의미에서 우크라이나가 서방과 러시아 사이의 새롭게 시작된 냉전의 도가니가 되었다는 것은 우연이 아니다. 우크라이나 동부 및 남부와 함께 수도인 키이우는 과거 수 세기 동안 러시아와 러시아제국의 영토였던 반면, 우크라이나 서부는 17~18세기 폴란드-리투아니아 연방의 영토였고, 1793년에 이르러서야 러시아와 오스트리아로 분할되었다.

한편 러시아혁명 이후 우크라이나는 이곳을 차지하기 위해 다양한 세력들이 경쟁하는 혼란의 각축장이 되었다. 우크라이나 민족주의자, 아나키스트부터 백색파 러시아인White Russians**과 볼셰비키Bolsheviks 같은 세력까지 있었고, 그 사이 오스트리아, 독일, 폴란드, 루마니아, 심지어 프랑스까지 우크라이나의 일부를 점령한 바 있다. 이후 1922년, 통일된 우크라이나는 새로이 만들어진 소련의 일부가 되었다.

우크라이나는 제2차 세계대전으로 또다시 동서양 사이의 전쟁터가 되었다. 우크라이나 민족주의 민병대는 독일 정부 편에 서서 싸웠고, 우크라이나 서부에서 유대인 학살과 폴란드인 인종청소에 개입했다. 뒤에서 설명할 것처럼 우크라이

** 1917년 러시아혁명 이후 볼셰비키에 반대해 해외로 이주한 러시아인들.

나의 신나치neo-Nazi 세력은 21세기 초 다시 부흥해, 2014년의 쿠데타와 이후 전개된 우크라이나 동부의 내전 모두에서 중요한 역할을 담당했다.

2014년 이후 러시아-우크라이나 및 러시아-미국의 관계는 회복되지 않았고, 오히려 2022년 2월 24일 러시아가 '힘이 곧 정의'라는 논리에 편승해 유엔 헌장을 짓밟고 우크라이나를 침공할 때까지 지속해서 악화했다.

우리는 러시아의 우크라이나 침공이 범죄적일 뿐만 아니라 파멸적 행동이며 끔찍한 오판의 결과라고 생각한다. 이를 두고 베테랑 미국 외교관인 채스 프리먼Chas Freeman은 "러시아 차르 니콜라스 2세가 1904년 일본과의 전쟁[러일전쟁]을 결정한 이래로 러시아 정부가 결정한 최악의 전략적 판단"이라고 평했다.

하지만 우리는 동시에 소련의 해체 이래로 수십 년간 이어져온 서방 국가들의 대對러시아 전략이 심대한 수준의 정책 실수라고 생각한다. 노련한 정치인들, 외교관들, 학자들이 경고해왔던 대로, 나토의 확장은 재앙을 부르는 행위였다. 우크라이나 민중은 무자비한 러시아의 침략과 서방의 놀라운 오만과 어리석음이라는 설상가상의 상황에 의도치 않게 끼여 있는 것이다.

그 결과 우크라이나에서는 두 개의 전쟁이 동시에 진행되고 있다. 하나는 러시아가 침략자로서 2022년 2월 우크라이나의 내전에 군사적으로 개입한 전쟁이다. 다른 하나는 좀 더 넓은 지정학적 차원의 갈등으로, 이 갈등의 한쪽 진영에는 이 갈등을 유발한, 그리고 더 공세적인 당사자인 미국과 나토가 있고, 다른 한쪽에는 러시아가 있다.

비극적이게도 이 두 갈등 모두에 대한 대가는 우크라이나와 러시아의 군인들, 그리고 다수의 무고한 우크라이나 민간인들이 치르고 있다. 그동안 미국과 나토 국가의 국민 다수는 평화라는 환상 속에서, 자국 정부가 이 위기에 얼마만큼 책임이 있는지에 대해서도, 우크라이나에서 일어나는 살육에 대해서도 무지한 채 살아가고 있다.

이 분쟁의 복잡성은 서구의 평화운동 진영이 (그리고 분별 있는 민중들이) 이 사태에 대응하는 데 특히 더 큰 혼란과 어려움을 초래했다. 세력 간의 책임 소재에 대한 공방에 휘말린 활동가들은 분열된 채로 평화협상에 대한 강력한 대중적 공감대를 만들 수 없게 되었다. 이로 인해 서방의 정치인들은 평화협상의 가능성을 약화시키거나 거부하는 데 거의 아무런 저항에 부딪히지 않았고, 이들은 전쟁을 지속시키고 악화시킬 수밖에 없는 우크라이나에 대한 무기 지원을 지속할 수 있었다.

이 책에서 우리는 이러한 혼란을 해소하려고 노력했다. 우리는 현재의 위기에 이르게 된 우크라이나의 역사를 검토했고, 그와 동시에 미국과 유럽, 러시아가 냉전 종식 후 '평화의 배당금'이라는 약속을 실현하는 데 지속적으로, 그리고 비극적으로 실패하면서 어떻게 우크라이나의 역사에 개입하게 되었는지도 검토했다.

우리는 러시아의 침공이 시작된 이후 많은 이들이 궁금해 하던 다음과 같은 주요 질문들에 답하기 위해 노력했다. 2014 년에 우크라이나에서는 무슨 일이 벌어졌나? 정말로 '쿠데타' 가 있었던 것인가? 서구의 주류 언론에서 "러시아의 크림반도 병합"이라는 기만적인 표현으로 정리했던 중요한 사건들에서 미국과 러시아는 어떤 역할을 했는가?

왜 2014년 우크라이나 동부에서 내전이 발생했는가? 2015년의 2차 민스크 협정Minsk II Agreement은 무엇이었나? 2차 민스크 협정은 왜, 그리고 어떻게 이후 7년간 지속된 내전을 멈추지 못했는가? 그것은 어떻게 러시아의 침공으로 이어지게 되었는가?

러시아는 왜 우크라이나 침공을 결심했는가? 이때 서방의 도발은 얼마나 중요했는가? 우크라이나인들은 그들이 원한다면 나토에 가입할 권리가 있는 것 아닌가? 그리고 우크라이나의 신나치 세력은 정말로 중요한 요소인가, 아니면 그저 침공의 핑계일 뿐인가?

소련의 위협에서 유럽을 방어하기 위해 조직된 군사동맹인 나토가 어떻게 그 유통기한을 넘겨 존속하고, 기존 경계선을 넘어 확장하며 (경계선이라는 게 있기라도 하다면) 북대서양North Atlantic으로부터 멀리 떨어진 유고슬라비아, 아프가니스탄, 리비아를 침공하게 되었는가? 이런 사실이 어떻게 나토 확장에 대한 러시아의 관점에 영향을 미쳤는가?

미국의 주류 언론은 스스로의 서사를 통해 전쟁에 대한

진실을 보도하는가, 아니면 그저 정부의 프로파간다를 반복할 뿐인가? 러시아 민중들은 사태를 어떻게 보고 있으며, 서방의 제재는 그들에게 어떤 영향을 주고 있고, 또한 다른 지역에는 어떠한 영향을 주고 있나?

이 전쟁을 평화롭게 종료할 방법은 정말로 없는가? 누가, 그리고 무엇이 외교적 협상을 막고 있는가? 인류는 핵전쟁에 얼마나 가까워졌나? 그리고 다른 무엇보다, 우리에게 가능한 해결책들은 무엇인가?

OR출판사OR Books는 우리에게 2022년의 세계가 어떻게 이러한 심각한 상황에 봉착했으며 우리가 여기에서 어떻게 앞으로 나아갈 수 있을지 독자들에게 쉽게 설명하고 이해시켜 줄 수 있는 짧은 입문서를 써달라고 요청했다.

우리는 이 책을 두 달이라는 기록적인 단기간에 완성했다. 그동안 우리는 어떻게 전쟁이 전개되고 끝날지 알지 못했고, 단지 이 비극적인 갈등의 결과가 앞으로 수십 년간 우리와 함께할 것이라는 사실만을 인식할 수 있었다. 이는 혼란의 거미줄을 걷어내고 해결의 실마리를 찾는 것이 더욱 절박하다는 점을 웅변한다. 여러분이 이 비참하고 분별없는 전쟁을 이해하는 데 이 책이 작은 도움이 되길 바라 마지않는다.

1 장

전쟁의 발단이 된
2014년

1991년 소련이 붕괴한 후 소련 내 공화국 간의 경계는 새로 독립하게 된 국가들의 국경이 되었고, 이는 새로운 독립국 간에 예정된 문제를 일으켰다.

나고르노카라바흐 지역에 거주하는 아르메니아인 대다수는 아제르바이잔 내에 고립되었고, 조지아 국경 내 오세티야 인구의 주된 구성원이었던 러시아계 주민들은 남오세티야와 러시아 자치공화국인 북오세티야로 나뉘는 상황에 직면했다. 또 다른 분쟁 지역인 압하지야는 1992년 조지아로부터 독립을 선언하고 1992~1993년과 2008년에 조지아와 전쟁을 치렀지만, 여전히 러시아와 다른 4개국에서만 독립 지위를 인정받고 있다.

이러한 특수한 상황들은 반복된 전쟁의 단초가 되었고, 지금까지도 해결되지 않은 '동결된' 갈등으로 남아 있다. 아제르바이잔은 2020년에도 아르메니아인들이 거주하는 나고르노카라바흐 지역을 탈환하기 위한 공격을 감행했다. 아제르바이잔과 아르메니아 모두와 우호적 관계를 유지하고 있는 러시아는 당시 휴전협상을 중재하고 새로 그어진 실질적 국경에 평화유지군을 파병하기도 했다.

우크라이나에서의 첫 국경 갈등은 1783년부터 러시아 땅이었던 크림반도의 지위를 두고 벌어졌다. 크림반도는 니키타 흐루시초프Nikita Khrushchev 서기장이 이오시프 스탈린Josef Stalin의 사망으로 소련의 지도자가 된 이후인 1954년, 러시아 공화국에서 우크라이나 공화국으로 행정적으로 이양되었다.

우크라이나 의회가 1990년 소련으로부터의 독립을 결정한 이후, 크림반도에서 1991년 1월에 실시한 주민투표에서 크림반도 주민 94퍼센트 이상이 우크라이나로부터의 독립을 지지했고 크림반도는 짧게나마 소련 내 자치공화국의 지위를 유지했다. 하지만 소련이 1991년 말 해체되었을 때 크림반도 자치공화국 의회는 주민투표로 표명된 크림반도 민중 대다수의 의지에 반해 우크라이나로 편입하는 것을 선택했다. 이 문제가 2014년에 다시 전면에 등장하기 전까지 말이다.

구소련 국가들의 1990년대는 어려운 시절이었는데, 서구식의 경제적 '충격 요법'으로 국유산업 부문과 국가 자원에 대한 대규모 민영화가 진행되고 공공 서비스와 고용이 대폭 삭감되어 상황이 더욱 악화했다. 결과적으로 우크라이나는 제어 불능의 인플레이션과 함께 실질 GDP가 50퍼센트나 감소하는 고통에 빠졌고, 우크라이나 인구의 평균 기대수명은 3년이나 감소했다. 러시아에서 그랬던 것처럼 이러한 상황은 국유 자산이었던 분야에서 막대한 부를 축적한 부패한 올리가르히 계급의 출현으로 이어졌다.

2000년 이후 우크라이나의 경제는 회복하기 시작했으나 1994년부터 2005년까지 두 번의 임기를 채운 레오니드 쿠치마Leonid Kuchma 대통령은 부패와 스캔들의 늪에 빠졌다. '테이프게이트Tapegate' 스캔들 당시, 목이 잘린 채 발견된 유명 반부패 보도 언론인인 헤오르히 곤가제Georgiy Gongadze의 납치를 지시하는 쿠치마의 육성이 그대로 녹음된 증거가 드러났다. 그는 곤가제 살해에 연루되었다는 의혹을 부인했으나, 두 번째 임기 말인 2004년에 그의 지지율은 10퍼센트 아래로 떨어졌다.

올리가르히가 우크라이나를 분열시키다

2004년 우크라이나의 대통령 선거는 서방과 러시아 각각의 지지를 받는 정치 지도자와 정당이 비극적으로 분열하는 서

막이었고 이는 전쟁으로 들어서는 운명의 전조였다.

승기를 잡았던 건 빅토르 야누코비치였다. 그는 우크라이나 동부 도네츠크주 주지사 출신으로 쿠치마 정부 아래 2002년부터 2005년까지 총리를 지내기도 한 인물이다. 또한 돈바스*의 전통적인 중공업 부문과 러시아와 경제적으로 연계된 부문들을 장악한 동부 올리가르히 집단의 정치적 우두머리 같은 인물이기도 하다.

야누코비치는 총리로서는 러시아와의 긴밀한 경제적 협력을 지속하는 동시에 유럽연합European Union, EU 가입을 타진했다. 그는 우크라이나의 나토 가입에는 반대했으나, 미국의 이라크 침공 당시 우크라이나 군대를 파병하는 데 동의했고 그로 인해 18명의 우크라이나 병사가 사망하기도 했다.

2004년 대선에서 야누코비치의 상대는 역시나 1999년부터 2001년까지 우크라이나의 총리를 역임한 친서방 정치인 빅토르 유셴코Victor Yushchenko였다. 그는 1990년대 서방이 지원한 경제 민영화 과정 당시 우크라이나 중앙은행 총재를 지냈던 인물이지만 선거에서는 국가의 부정부패를 막고 부패 관련자들을 감옥으로 보내버리겠다는 슬로건으로 선거운동을 했다.

당시 선거는 다이옥신에 중독된 유셴코가 거의 사망에 이

---

* 우크라이나 동부 지역인 도네츠크주와 루한스크주 지역을 통칭하는 말로, 행정적 명칭이 아니라 역사·경제·문화적 명칭이다. 다수의 인구가 러시아어를 사용하며, 석탄 및 철광석 산지이자 우크라이나의 중공업 중심 지역이다.

를 뻔한 더러운 선거였다.** 1차 투표에서는 유셴코가 간발의 차이로 승기를 지켰으나, 결선투표에서 야누코비치가 역전해 역시 간발의 차이로 승리했다. 그런데 야누코비치는 주로 러시아어를 사용하는 동부와 남부 지역에서 승기를 잡은 반면, 유셴코는 키이우를 포함해 우크라이나어를 사용하는 서부와 북부 지역에서 승리해 나라는 지역과 민족에 따라 둘로 쪼개졌다.

유셴코는 선거 결과에 이의를 제기해 유럽안보협력기구Organization for Security and Cooperation in Europe, OSCE와 서방의 선거 감시단의 지지를 끌어냈다. 러시아의 선거 감시단과 러시아 정부는 대선 결과를 인정했으나, 미국과 유럽연합은 야누코비치를 대통령으로 인정하지 않았다.

이후 유셴코의 지지자들은 키이우의 거리로 나섰고, 이는 (유셴코의 선거운동에 사용된 오랜지색을 따) '오렌지혁명Orange Revolution'이라 불리게 되었다. 이후 우크라이나의 대법원은 빠르게 선거 결과가 무효라고 판결했고, 재투표를 명령했다. 재대결에서는 유셴코가 52 대 44로 승리했다.

**   당시 선거 유세 기간에 유셴코 후보가 우크라이나 보안국 국장과 식사한 다음 날 다이옥신 중독으로 얼굴이 변형되는 사건이 벌어졌다. 유셴코 측은 친러 세력의 테러라고 주장했으나 그에 대한 반박이 이어졌고, 사건의 진상은 지금까지 명확히 규명되지 않았다. 다이옥신 중독설은 12월 재투표에서 유셴코 후보의 승리에 결정적 역할을 했다. 유철종, 〈유셴코 우크라이나 대통령 중독설 거짓 논란〉, 《중앙일보》, 2005년 3월 28일, https://www.joongang.co.kr/article/10061#home.

하지만 이후 불과 몇 달 만에 쿠치마처럼 유셴코 대통령도 부패 의혹으로 대대적인 규탄의 대상이 되었고, 총리였던 율리야 티모셴코Yulia Tymoshenko와도 반목하다가 내각을 총사퇴시켰다. 2006년에는 통제력을 잃어가던 대통령직을 지키고 둘로 쪼개진 나라를 통합하려는 노력으로, 라이벌이었던 야누코비치를 총리로 임명했다.

유셴코가 2010년 재선거에 출마했을 때 그에게 환멸을 느낀 오렌지혁명의 지지자들은 그를 완전히 외면했고, 당시 1차 투표에서 유셴코의 득표율은 겨우 5.5퍼센트였다. 대부분의 표를 얻은 야누코비치와 티모셴코가 결선투표에서 맞붙었고, 여기에서 야누코비치가 여전히 정확하게 동서로 쪼개진 2004년의 인구학적 단층선*을 그대로 유지하며 49 대 45라는 간발의 차이로 승리했다.

야누코비치는 우크라이나 동부와 서부의 분열을 통합할

---

* 우크라이나는 중부의 우만과 하르키우를 기준으로 종족, 언어(우크라이나어와 러시아어), 종교, 정치 성향 등이 좌우로 극명하게 분할된다. 이를 학술적으로 체계화한 우크라이나 출신의 캐나다 역사학자 오레스트 섭틀니Orest Subtelny의 이름을 따 '섭틀니 라인Subtelny line'으로 부르기도 한다. 한편 우크라이나인들의 정체성에 대한 현실은 이러한 이분법보다 좀 더 다층적이고 복합적이라는 학술적 논의도 존재한다. Dávid Karácsonyi et al., "East-West Dichotomy and Political Right in Ukraine: Was Huntington Right?" *Hungarian Geographical Bulletin* 63(2): 99-134, 2014; Lodewijk Smoor, "Understanding the Narratives Explaining the Ukrainian Crisis: Identity Divisions and Complex Diversity in Ukraine," *Acta Universitatis Sapientiae, European and Regional Studies* 11(1): 63-96, 2017.

것을 약속했고, 러시아와의 긴밀한 관계를 유지하며 유럽연합 가입을 추진했다. 야누코비치는 대통령 후보 당시 신문 인터뷰에서 "우크라이나는 과거에도 비동맹국가였고, 앞으로도 그럴 것이다. 우리는 나토나 [러시아 주도의] 집단안보조약기구Collective Security Treaty Organization, CSTO 어디에도 가입하지 않을 것이다. 우리는 중립국 위치를 유지할 것"이라고 밝혔다.[1]

그러나 야누코비치 역시 부패하기는 그의 전임자들과 마찬가지였다. 야누코비치가 두 명의 아들과 구축한 부패의 네트워크는 '패밀리the Family'라는 명칭으로 알려져 있다. 전직 치과의사였던 그의 아들 올렉산드르Oleksandr는 2013년 당시 패밀리가 부정한 수단으로 획득한 재산으로 일군 50억 달러가 넘는 규모의 사업체를 운영하고 있었다.

야누코비치는 불법적인 토지 민영화 계약을 통해 매입한 키이우 외곽의 약 43만 평 규모의 부지에 뻔뻔스럽게 호화로운 저택을 지었다. 그 부지에는 골프 코스와 개인용 정교회 성당, 그가 수집한 고급 빈티지 차량을 전시한 박물관, 사치스런 파티를 여는 데 사용한 해적선 느낌의 범선까지 있었다.

2012년 총선에서 야누코비치의 지역당Party of the Regions은 가까스로 다수당 지위를 지켰으나, 당시 총선에서 신나치 정당인 자유당Svoboda(Freedom)** 역시 약진하게 된다. 자유당은 르

** 정식 명칭은 'All-Ukrainian Union "Freedom"(Vseukrainske obiednannia "Svoboda")'. 우크라이나어 '스보보다Svoboda'가 '자유'라는 의미이기 때문에 '자유당' 혹은 '스보보다당' 등으로 번역된다.

비우를 포함한 우크라이나 서부 지역에서 강한 호소력을 지녔던 우크라이나 민족주의와 반러시아주의 구호를 선명하게 내세웠다. 자유당의 득표율은 10퍼센트 이상이었고, 의회에서 450석 중 37석을 차지했는데, 특히 우크라이나에서 가장 투표율이 높았던 서부의 르비우주에서 38퍼센트의 지지를 끌어냈다.

당시 자유당의 부상은 서방에도 큰 충격을 주었는데, 유럽연합은 자유당을 규탄하며 다른 우크라이나의 정당들이 자유당과 협력하지 말 것을 호소했다. 하지만 1~2년이 지나 자유당이 마이단Maidan 시위와 야누코비치 정부의 전복 과정에서 주도적 역할을 했을 때, 서방 국가들과 언론은 자유당의 신나치 이념을 축소하거나 부정했다.

우크라이나는 극우 세력의 부상에만 시달린 게 아니라 부패라는 풍토병으로도 고통받았다. 우크라이나 국내 정치는 탈냉전 올리가르히 체제 내 파벌 간의 경쟁으로 축소되었는데, 이들은 점점 지역과 인종 중심의 지지를 호소했고 일단 선출되면 자신과 주변 후견 세력에 이익이 되는 부패한 정책을 펴나갔다.

우크라이나의 탈냉전 신자유주의 '충격 요법'은 러시아에서 그랬던 것과 마찬가지로 미국식 '관리된 민주주의managed democracy'의 극단적 형태로 이어졌고, 그 안에서 정치권력은 부패한 지배계급의 경제적 권력에 종속되어 있었다.

이렇게 만연한 부패는 우크라이나가 유럽연합에 가입하

는 데 지속적인 걸림돌로 작용했다. 야누코비치는 유럽연합 회원 자격을 확보하기 위한 협정을 추진하면서도, 그와 동시에 러시아와 벨라루스, 카자흐스탄 간의 자유무역협정인 유라시아관세동맹Eurasian Customs Union, ECU에 가입할 준비도 하고 있었다.

유럽연합과의 협상은 우크라이나 법원이 친서방 총리였던 율리야 티모셴코를 부패 혐의로 기소하면서 교착 상태에 빠졌다. 서방 정부가 비판한 선택적인 정치 기소 이후 티모셴코는 유죄로 7년형을 선고받았다.

우크라이나의 유럽연합 가입은 불확실하고 십수 년이 걸릴 수 있었던 반면(이는 친서방 정부 집권 8년이 지난 2022년에도 구체화되지 않았다), 러시아 주도의 유라시아관세동맹은 우크라이나에 즉각적인 가입을 제안했다. 야누코비치는 원래 2013년 11월 유럽연합과의 제휴 협약에 서명할 예정이었다. 그러나 유럽연합은 우크라이나 시장에 광범위한 접근을 할 수 있도록 하면서, 우크라이나는 유럽 시장에 제한적인 접근만 할 수 있도록 한 조항으로 인해 그는 막판에 협약에 난색을 표했다.[2]

우크라이나의 지도자들은 러시아와 마찬가지로 1990년대 서방의 지도자들과 경제학자들이 한 약속에 민중의 미래를 위임해버린 것을 후회했고, 그런 의미에서 2013년 야누코비치가 같은 선택을 망설인 것은 그렇게 비합리적인 결정은 아니었다. 그러나 당시 (주로 서부 주민들이긴 하지만) 이미 우크라이나 인구의 절반가량이 유럽연합 가입의 잠재력과 유럽 국가들로의 무비자 이동, 서방과의 더 긴밀한 협력에 경도된 상황이었고, 야누코비치의 제휴 협약 체결 거부은 이들의 희망에 찬물을 끼얹은 것으로 인식되었다.

평화로운 집회에서
무장 폭동으로 이어진 유로마이단

2013년 11월 21일 수천 명의 우크라이나인들은 2004년 오렌지혁명의 재현처럼 키이우 중심의 마이단광장을 메우고 시위 캠프를 설치했다. 11월 24일에는 야권 정치인들이 5~20만 명의 인파가 몰린 집회에서 발언했고, 이들은 유럽연합 가입을 요구한다는 의미에서 이날을 '유로마이단Euromaidan'이라고 명명했다.

정부는 여전히 유럽연합과의 협의를 지속하고 있었으나 야권은 이에 만족하지 않고 정부에 즉시 유럽연합 가입 협약에 서명하라고 요구했다.

이 시위에서 극우 정당인 자유당의 세 손가락 문양 깃발*과 함께 우크라이나 국기, 유럽연합의 유럽기나 다른 정당들의 깃발이 보이긴 했으나, 이 시점의 유로마이단 시위는 유럽연합 가입을 약속했던 야누코비치의 약속 파기에 좌절하고, 그의 부패와 권력 남용에 분노한 친유럽연합 성향 우크라이

당신은 우크라이나 전쟁을 모른다

나인들의 환멸이 반영된 광범위한 운동이었다.

11월 30일 경찰기동대가 마이단광장에 투입되어 최소 79명의 부상자가 나왔고, 시위 캠프가 철거되었다. 그 후 1만여 명의 시위대는 근처 성마이클광장에 새로운 캠프를 설치했고, 여기에 우크라이나 민족주의의 중심인 우크라이나 서부의 도시인 르비우에서 도착한 1만여 명이 추가로 결합했다.

이들은 12월 1일 마이단광장으로 다시 진입해 키이우 시청을 점거하고 대통령실을 포함한 주변 정부 청사들을 포위하며 경찰기동대와 격렬하게 대치했다. 아에프페Agence France Presse, AFP는 경찰이 섬광탄과 연막탄을 사용했으며, 일부 시위대는 돌과 화염병으로 맞섰다고 보도했다. 국가의 폭력은 더욱 많은 시민이 시위에 참여하도록 만들었고, 40~80만 명의 대규모 군중이 집회에 참여한 것으로 추정된다.

한편 이 시점에 다양한 반정부 정당들과 인사들의 역할이 분기하기 시작했다. 시위대가 불도저를 동원해 대통령실 주변의 울타리를 쓰러뜨리려고 했을 당시, 쿠데타 이후 대통령이

---

* 자유당의 전신인 우크라이나 사회민족당Social-National Party of Ukraine은 과거 독일 나치당의 하켄크로이츠Hakenkreuz 문양(卐)이나 늑대 갈고리Wolfsangel 문양(Ƶ)과 유사한 로고(⋔)를 사용했으나, 이에 대한 비판으로 정당명을 자유당으로 바꾸며 로고 역시 2004년 현재의 세 손가락을 세운 모양으로 변경했다. 한편, 사회민족당이 사용했던 로고(⋔)는 아조우 연대나 우크라이나애국자 등 극우 단체들이 적극적으로 차용해왔는데, 당사자들은 이 로고가 '민족의 이상Idea Natsii'의 약자(I+N)를 형상화한 것일 뿐이라며 나치 문양과의 유사성을 부인한다.

되는 페트로 포로셴코Petro Poroshenko는 이들을 제지하려 했다. 복싱 챔피언 출신인 야당 대표 비탈리 클리치코Vitali Klitschko도 거리의 폭력과 소요는 전문 선동꾼들의 작품이라고 주장했다.

반면 자유당 대표인 올레흐 탸흐니보크Oleh Tyahnybok는 전 국민 파업을 요청하는 성명서를 발표하며 우크라이나에 혁명이 진행 중이라고 선언했다. 또한 자유당의 공동 설립자이자 1998년부터 2004년까지 6년 동안 준군사 조직인 우크라이나 애국자Patriots of Ukraine를 이끈 안드리 파루비Andriy Parubiy가 경찰에 대항한 무장 조직을 이끌 마이단의 '지휘관commandant'으로 임명되었다.

동시에 덜 알려진 극우 단체인 우익섹터Pravyi Sektor(Right Sector) 역시 마이단광장을 지키며 경찰과 대치하는 데 주요한 역할을 담당했다. 우익섹터는 드미트로 야로시Dmytro Yarosh가 이끄는 단체로 다른 극우 민족주의 단체의 구성원을 결집했다. 마이단광장 집회에서 야로시는 전 국민 혁명이 진행 중이라는 탸흐니보크의 주장에 공감을 표하는 연설을 했고, 우익섹터는 그 혁명의 돌격 부대가 되었다.

자유당이나 다른 극우 단체들처럼 우익섹터도 제2차 세계대전 중에 수천 명의 유대인과 폴란드인을 학살한 우크라이나 반란군Ukrainian Insurgent Army, UPA과 사상적 일체감을 가진 조직이었다. 우크라이나 반란군은 스테판 반데라Stepan Bandera가 이끈 우크라이나 민족주의자단Organization of Ukrainian Nationalists, OUN 내 강경 분파 준군사 조직이었다. 우익섹터가 차용한 검은색과 빨간색으로 된 우크라이나 반란군의 깃발은 마이단에서 자유당과 다른 야당들의 깃발과 함께 휘날렸고, 우익섹터의 일부 회원들은 하켄크로츠나 룬 문자Runes SS와 같은 나치 상징을 뽐내기도 했다.*

마이단 운동에서 다양한 정당과 분파의 지도자들이 서로 다른 목소리를 내며 분화한 것은 지지자들 사이에도 반영되었는데, 마이단광장의 대규모 집회에 모이는 군중이 수십만 명에 달하는 것으로 알려졌던 반면 폭력을 사용한 극우 무장단의 수는 약 1만~2만 5000여 명 정도에 불과했던 것으로 추산되었다.

어쨌든 시위대는 마이단광장 주변의 바리케이드를 강화하고 시청 점거를 이어갔다. 그들은 12월 8일 '100만 명 행진' 시위를 준비했는데, 참가자는 10~50여만 명 정도였고 대다수는 단순히 11월 30일에 자행된 경찰의 폭력에 분노한 참가자들이었다. 자유당과 우익섹터는 레닌의 동상을 끌어내려 부수고, 여기에 (제2차 세계대전 시기 우익) 우크라이나 반란군의 깃발을 게양했다.

다음 날 경찰력을 보강하기 위한 특수부대가 키이우에

---

* 룬 문자란 약 기원후 1세기부터 11세기까지 유럽에서 사용된 게르만 민족 고유의 문자다. 나치 친위대인 슈츠슈타펠Schutzstaffel, SS의 휘장(ᛋᛋ) 등 여러 나치 상징이 룬 문자에서 유래했고, 이 영향으로 서구사회에서 상당수 룬 문자의 사용은 금기다. 독일에서는 학술적인 사용을 제외한 룬 문자 소월로 sōwilō(ᛋ)의 사용 자체가 형사 처분 대상이므로 로마자 'S'는 반드시 곡선으로 써야 한다.

도착했고 양측 간의 긴장은 격화되었다. 한편 이날 야누코비치와 세 명의 우크라이나 전임 대통령은 유럽연합 가입 협약에 대한 협상을 계속하기 위해 유럽연합 대표단과 회담을 가졌다.

영하 12도로 그해 겨울 가장 추웠던 12월 11일 새벽 수천 명의 정부군과 경찰은 마이단광장의 바리케이드와 캠프를 습격했다. 2만 5000여 명이 밤잠을 포기하고 나가 마이단광장을 사수해 공격은 실패로 끝났고, 시위대는 바리케이드를 개보수했다.

그사이 미국 국무부 차관보 빅토리아 눌런드Victoria Nuland와 유럽연합 외교정책 대표 캐서린 애슈턴Catherine Ashton은 야누코비치와 반정부 인사들을 만나기 위해 키이우에 있었고, 친서방 정치인들은 미국과 눌런드의 지지로 인해 비타협적인 노선을 채택했다. 야누코비치는 야당 세력과 시민사회 지도자들에게 '전 국민 대화'를 제안했으나 반정부 지도자들은 그와 협상 테이블에 앉는 것을 거부하고 그에게 하야를 요구했다.

12월 17일 야누코비치는 러시아산 천연가스를 3분의 1 인하한 가격으로 공급받고 러시아가 150억 달러를 우크라이나 국채에 투자하기로 한 협정에 서명했다. 그러나 러시아 주도의 유라시아관세동맹과의 자유무역협정 체결에 대한 공식적 논의는 없었고, 당시 유럽연합과 러시아 정부 관계자 모두 우크라이나가 원하면 양쪽 무역 그룹 모두에 자유롭게 가입할 수 있다고 공공연하게 이야기했다.

그러나 시위는 계속되었다. 1만여 명의 시위대가 마이단 광장에 캠프를 유지하고 있었고, 20여만 명이 새해 전날 시위에 참여했다. 다음 날인 2014년 1월 1일 밤에는 1만 5000여 명의 우익 민족주의자들이 우크라이나 반란군의 수장이었던 스테판 반데라의 105번째 생일을 기념하기 위해 키이우를 돌며 횃불을 들고 행진했다.

1월 16일 우크라이나 의회는 시위를 탄압하려는 목적으로 마스크나 헬멧 착용, 자동차 부대 조직, 혹은 공공장소에서의 캠핑과 같이 마이단 시위에서 사용된 상당수 전술을 형사처벌하고 징역형을 선고할 수 있게 만드는 무자비한 반反집회 관련 법들을 통과시켰다. 심지어 새로운 법은 국회의원에 대한 불기소 특권을 박탈함으로써 의회 내 야당 인사들을 타깃으로 삼았다.

시위대는 1월 19일부터 4일 밤 연속 폭동으로 맞불을 놨고, 이는 당시까지 최악의 폭력 사태였다. 시위대는 의회 건물로 행진을 시도하며 경찰과 맞붙어 경찰 바리케이드를 돌파해 경찰 차량에 불을 질렀고, 1월 22일에는 결국 경찰의 발포로 시위대에서 네 명의 사망자가 발생했다.

산발적인 폭력이 계속되었고, 우익섹터 극단주의자들이 이끈 시위대는 이제 마이단광장과 연결된 흐루셰우스키 거리를 점거하고 점거한 건물들에 무기를 비축했다. 당시 상황에 대한 성명에서 비탈리 자하르첸코Vitaliy Zakharchenko 내무장관은 "반정부 인사들은 극단주의 무장 세력과 관계를 끊으려고 하지도 않고, 더 이상 그들을 통제할 능력도 없다"라고 했다.

1월 28일에 미콜라 아자로우Mykola Azarov 총리와 그의 내각이 총사퇴를 발표해 새로운 선거 때까지만 자리를 유지했고, 국회는 11개 반집회법 중 9개를 폐지했다.

2월 6일 곤봉과 방패로 무장한 수천 명의 시위대가 의회 건물로 행진해 무력 시위를 했고, 마이단 시위의 지휘관 안드리 파루비는 이를 자신들의 요구에 귀 기울이라는, 정부를 향한 경고라고 규정했다.

뉼런드와 파야트가 "연착륙하다"

동시에 당시 미 국무부 차관보 빅토리아 뉼런드와 주駐우크라이나 미국 대사인 제프리 파야트Geoffrey Pyatt가 야누코비치 이후 정부에서 어떤 반정부 인사들이 어떤 자리를 맡을지 엄선하는 내용의 (이제는 악명 높은) 대화 녹음 파일이 유튜브YouTube에 등장했다.[3] 둘은 그들이 대화에서 "야츠Yats"라고 부른 아르세니 야체뉴크Arsenii Yatseniuk가 총리로는 1순위이고 야당 대표 비탈리 클리치코와 자유당의 올레흐 탸흐니보크와 "그의 사람들"은 "정부 밖에서" 더 효율적인 역할을 수행할 것 같다는 데 동의했다. 마이단 시위에서 "승자가 된" 클리치코를 배제하기 쉽지 않다는 문제도 논의한다.

통화에서 뉼런드와 파야트는 자신들의 계획을 클리치코

에게 호의적이었던 유럽연합 인사들과 논의하는 대신 신임 유엔 특사인 로버트 세리Robert Serry에게 직접 설명하기로 결정했는데, 뉼런드는 이에 "그렇게 하는 게 이 문제를 봉합하는데, 유엔이 봉합하게 하는 데 좋을 거 같아. 유럽연합은 엿 먹으라 그래"라고 했다.

파야트는 야누코비치와 러시아의 허를 찌르는 방법이 무엇일지도 이야기했고, "우리가 빠르게 움직인다면 이 건에서는 연착륙할 수 있어. …… 세계적으로 명성이 있는 인물이 나와서 이 문제에서 산파 역할을 해야" 한다는 데 동의했다.

뉼런드의 대답을 그대로 옮기면 아래와 같다. "그러니까 내가 이 건에 대해서 메모를 작성했을 때 [바이든의 국가안보 보좌관인 제이크] 설리번Jake Sullivan이 바로 나에게 답변하길, [부통령] 바이든이 있어야 한다는 거야. 그래서 내가 아마 내일 세부 지침과 동의를 받기 위해서 필요할 거라고 했어. 어쨌든 바이든은 그럴 뜻이 있다는 말이지."

우크라이나의 체제 교체를 기획하는 미 국무부 고위 관료들이 직속 상관인 존 케리John Kerry 국무장관이 아닌 부통령인 바이든에게 "산파 역할"을 기대한다는 건 조금 이상하다. 바이든은 자신이 비공개적으로 판을 짠 위기로 인해 미국과 유럽을 전쟁으로 끌어들였음에도 불구하고, 2014년 쿠데타에서 그의 막후 역할이 무엇이었는지 2022년에도 여전히 해명되거나 제대로 분석되지 않고 있다.

동시에 러시아의 세르게이 글라지예프Sergey Glazyev 대통령

선임 보좌관은 미국이 매주 200만 달러에 이르는 자금을 우크라이나 반정부 진영에 지원하고, 미국 대사관에서 마이단 시위의 무장 단체에 무기와 군사교육을 제공했다고 비난했다. 그는 인터뷰에서 우크라이나가 핵무기를 포기하기로 했던 1994년 부다페스트 의정서Budapest Memorandum에 따라 미국과 러시아는 우크라이나 안보의 연대 보증인이라는 것을 상기시키며, 러시아가 개입할 수밖에 없을지도 모른다고 언급했다.

정말 미국은 큰 금액을 우크라이나의 친서방 조직들에 쏟아부었다. 2013년 12월 미 국무부 차관보 눌런드는 미국-우크라이나재단U.S.-Ukraine Foundation 연설에서 "우크라이나의 안보와 번영, 민주주의를 달성하기 위해 50억 달러 이상을 우크라이나에 지원했다"라고 밝혔다.[4]

이러한 돈의 상당수는 전미민주주의기금National Endowment for Democracy, NED을 통해 분배되었다. 전미민주주의기금의 당시 대표였던 칼 거슈먼Carl Gershman은 2013년 9월 《워싱턴포스트Washington Post》 오피니언 지면에, 탈소련 국가 중 "우크라이나는 최고의 전리품"이며, "유럽연합에 가입하는 우크라이나의 선택은 푸틴이 보여주고 있는 러시아 제국주의 이데올로기의 종말을 가속화할 것"이고 러시아 스스로의 체제 교체를 향해서도 결정적인 조치가 될 것이라고 평했다.[5]

거슈먼은 우크라이나에 대한 전미민주주의기금의 투자를 미국인 대부분이 이미 22년 전에 끝났다고 생각하는 러시아와의 냉전의 일부로 정당화시킨다. 미국이 실상 수십억 달러를 투여해 부활시키려고 하는 러시아와의 냉전 말이다.

한편 2월 18일 무장한 시위대와 경찰 간의 대치는 전면전으로 비화했다. 상당수가 무장한 상태인 2만여 명의 시위대는 마이단광장에서 의회 건물로 행진을 시작했고, 시위대와 경찰 모두 실탄을 발사했다. 이로 인해 당일에만 17명의 사망자와 1000여 명 이상의 부상자가 발생했다. 다음 날 무장 세력은 내무부의 무기고와 르비우 및 우크라이나 서부 도시들 소재의 경찰서 여러 곳을 습격해 수백여 개의 무기를 탈취했고, 그 일부를 키이우로 보냈다.[6]

2월 20일에는 마이단 시위에서 가장 많은 논란과 논쟁을 불러일으킨 사건 하나가 발생했다. 진압 경찰이 49명의 마이단 시위대를 사살하고 다수의 부상자를 냈다는 내용이 최초로 보도되었다. 그러나 곧 대부분의 발포는 시위대가 점령한 건물들에서 시작되었으며 세 명의 경찰이 사망했다는 상반되는 내용이 알려졌다. 현장에서 발견된 총알은 경찰이 사용하는 화기와 일치하지 않았고 진압 경찰은 사격이 시작된 이후 도착했으며, 이후 발포자 중 일부는 기자들과 연구자들에게 군중에게 발포하라는 명령을 받았다고 진술했다.

최소 두 명의 연구자가 당시 참사와 상충하는 관련 증거들에 관한 학술 연구를 발표했는데, 오타와 대학교의 이반 카차노프스키Ivan Katchanovski와 캘리포니아 산호세 소재의 테러 및 정보 연구센터Center for Terrorism and Intelligence Studies, CETIS의 고든 한Gordon Hahn이다.[7]

두 연구자 모두 참사는 경찰에게 책임을 전가해 야누코비치 정부의 운명을 좌우하기 위한 도발의 정점으로서, 자유당과 우익섹터 및 다른 무장 세력에 의해 자행되었다고 결론 내렸다. 2월 18일부터 20일까지 사흘간의 폭력으로 인해 민간인 85명과 경찰 및 보안요원 18명이 사망했다.

참사의 책임과 관련해 고든 한은 "[쿠데타 이후] 권력을 잡은 정권이 2월 총격 참사에 대한 조사를 지연시키고 있다. 또한 정부는 사격을 감행한 시위대에서 친마이단pro-Maidan, 신파시스트neo-fascist 세력의 주도적 역할을 은폐하기 위해 노력하고 있는 것으로 보인다"라고 결론 내렸다.

올레흐 마흐니츠키Oleh Makhnitskiy 우크라이나 검찰총장 대행은 시위대 상당수는 경찰의 총기가 아니라 엽총에 피격되었다는 공식 발언 후, 2014년 6월에 해임되었다. 한편 우크라이나 정부는 출국한 23명의 진압 경찰에 대한 인터폴 체포영장을 요청했는데, 인터폴은 우크라이나 정부의 "정치적 동기"를 언급하며 요청을 기각했다.

참사 다음 날인 2월 21일 야누코비치는 세 명의 야당 인사 및 프랑스, 독일, 폴란드의 외무장관들과 만나 그해 하반기에 선거를 통한 방식으로 정권을 이양하는 계획에 합의했다. 합의안에는 키이우 도심 내의 병력 철수와 마이단 시위대의 무기 반납도 포함되었고, 자유당의 탸흐니보크도 여기에 서명했다.

그러나 야당 인사들이 마이단광장 집회에서 이 계획을 발표하자 야유가 날아들었다. 우익섹터의 드미트로 야로시, 마이단 시위 지휘관 안드리 파루비, 마이단 자위대Maidan self-defense의 지휘관 볼로디미르 파라슈크Volodymyr Parasyuk는 이 협정을 거부하고 야누코비치의 즉각적인 사임을 요구했다. 파라슈크는 야누코비치가 사임하지 않으면 정부와 의회 건물에 난입하겠다고 위협했다.

다음 날 우익섹터와 다른 무장 단체들은 이미 경찰이 철수한 의회 건물로 행진해 의회를 점거했다. 이후 극우 무장 단체들의 날 선 감시 아래 야당 의원들만 참석해 회기를 열어 야누코비치 '사임'안을 통과시키고, 올렉산드르 투르치노우Oleksandr Turchynov를 국회의장과 임시 대통령으로 임명했다.

무장 단체들은 야누코비치와 우크라이나 동부와 남부 지역구의 의원들이 미리 계획되어 있던 하르키우의 지역 회의에 참가하던 틈을 타 키이우의 대통령궁도 점거했다. 이후 야누코비치는 도네츠크를 거쳐 러시아로 망명했다고 알려졌다.

체제 교체에서 내전으로

향후 벌어질 일들의 전조처럼 러시아어를 사용하는 동부 주들의 지도자들은 하르키우에서 만나 키이우의 잔부 의회rump parliament*에서 행한 조처의 적법성에 이의를 제기하는 결의문을 채택했다. 이들은 "중앙 국가기구들이 마비되었다"라며,

"헌정 질서와 합법성이 회복될 때까지 …… 우리는 헌정 질서와 적법성, 우리 영토 내 시민들의 권리와 안전을 수호할 책무를 다하기로 했다"라고 선언했다.

한편 2월 27일 키이우 의회는 뉼런드와 파야트가 계획한 대로 아르세니 야체뉴크를 총리로 임명했다.

새로운 총리 야체뉴크는 부총리 올렉산드르 시치Oleksandr Sych를 포함해, 내각에 자유당 인사 세 명을 임명하며 자신에게 권력을 안겨준 자유당에 쿠데타의 공로를 보상했다. 거기에 더해 이들에게 우크라이나 25개 주 중 3개 주의 주지사 자리가 돌아갔다. 자유당 공동 설립자이자 마이단 시위 지휘관인 안드리 파루비 역시 고위직을 거쳐 2016년부터 2019년까지 국회의장을 역임했다.

야누코비치에 대한 쿠데타를 최종적으로 실행할 때 우크라이나 극우 세력의 공이 컸지만, 우크라이나 사회학자 볼로디미르 이셴코Volodymyr Ishchenko의 설명처럼, 사실상 키이우의 권력 교체는 혁명이 아니라 우크라이나 올리가르히들 사이의 "새로운 카드패"일 뿐이었다.

《르몽드 디플로마티크Le Monde Diplomatique》는 마이단이 "대중적인 분노의 중심으로 기능했으나, 기괴한 권력 이양 과정

---

* 영국의 청교도혁명 때인 1648년 온건한 장로파 의원들을 무력으로 추방하고 나머지 60명 미만의 독립파 의원만으로 구성되어 잔존한 의회로, 이후 1653년 크롬웰에 의해 해산되었다. 경멸의 의미로 잔부rump, 즉 찌꺼기 의회라고 불렸다.

은 현재 우크라이나를 통제하고 있는 힘 있는 사업가들이 닫힌 문 뒤에서 중재한 결과다"라고 보도했다.[8]

우크라이나 동부와 남부 지역에서 반쿠데타 시위가 퍼져 나가며, 크림반도 의회는 지역 행정부를 해산하고, 지역의 미래를 주민투표에 부쳤다. 3월 16일 투표 결과가 발표되었을 때, 1991년 투표 당시보다 더 다수인 97퍼센트에 가까운 유권자(투표율 약 81퍼센트)가 우크라이나에서 분리, 러시아와의 통합을 선택했다.

유럽의회Council of Europe의 감시위원회는 인구 데이터에 근거해 이를 "납득하기 어려운" 결과라고 결론 내렸고, 미국과 유럽연합은 주민투표가 불법이라고 비난했다. 그러나 크림반도에 주둔한 우크라이나 병력의 절반가량이 이탈해 러시아 군대로 귀순했고, 3월 19일 우크라이나 군대는 군사적 충돌 없이 크림반도에서 철수했다.

새로운 정부에 대한 우크라이나인들의 상반되는 감정은 쿠데타 2개월 후에 시행된 갤럽Gallup 조사를 통해서도 확인할 수 있다. 조사 결과에 따르면, 쿠데타 이후의 정부를 정당한 우크라이나 정부로 인정한 주민은 전체 주민의 51.2퍼센트뿐이었다. 크림반도를 제외한 결과에서도 53.5퍼센트밖에 되지 않았다.[9]

서구 언론은 대개 부패 정부에 대항한 민주적 혁명으로서 이 쿠데타에 환호했을 뿐, 새로운 정부에 대한 우크라이나인 상당수의 양면적 반응을 전혀 보도하지 않았다.

4월 7일에는 도네츠크의 반쿠데타 시위대가 행정부 건물에 난입해 도네츠크 인민공화국Donetsk People's Republic, DPR의 설립을 선언했고, 우크라이나로부터의 독립에 관한 주민투표를 5월 11일 실시할 것이라고 발표했다. 4월 27일에는 루한스크 역시 도네츠크의 전철을 밟아 루한스크 인민공화국Luhansk People's Republic, LPR을 선언하고 도네츠크와 같은 날 주민투표를 실시하겠다고 발표했다.

이후 주민투표가 시행되어 도네츠크에서는 89퍼센트, 루한스크에서는 96퍼센트라는 압도적인 숫자로 안건이 통과되었다. 러시아는 돈바스 독립을 이끈 인사들에게 주민투표가 좀 더 안정적으로 조직되고 독립적인 투표 감시가 진행될 수 있을 때까지 주민투표를 연기하도록 촉구한 반면, 키이우 정부와 서방 국가들은 이 투표가 정당성 없는 부정 투표라며 투표 결과를 부인했다.

쿠데타에 반발한 시위와 저항의 파장은 우크라이나의 세 번째 도시이자 우크라이나 남부 흑해 연안의 주요 항구도시인 오데사에서 비극적인 절정을 맞았다. 2014년 1월부터 오데사에서는 친마이단과 반마이단 그룹들이 집회를 벌여왔고, 반마이단 측에서는 노동조합의 집Trade Unions House 건물 앞을 점거해왔다. 3월 1일 이들은 5000명이 집결한 집회를 진행했고, 이틀 후 수백 명이 오데사 자치공화국Odesa Autonomous Republic 설립에 대한 주민투표를 요구하며 주 의회 건물을 습격했다.

5월 2일에는 대립하던 시위대 양쪽이 서로를 향해 발포해 반쿠데타 시위대 네 명과 친정부 시위대 두 명이 사망했다. 반쿠데타 시위대는 노동조합의 집 건물로 대피했는데, 이들은 여기에서 무장한 우익섹터 당원들과 그날 축구 경기를 관람하러 나왔다가 친마이단 시위에 합류한 축구 팬들까지 가세한 1500여 명에 이르는 무리에 포위되었다.

우익섹터는 건물 앞 시위대 캠프에 불을 지르고 건물에도 화염병을 투척해 불이 붙었다. 이 사건에서 42명이 화재와 질식, 화염에서 탈출하기 위해 5층 건물의 위층 쪽에서 창문을 통해 뛰어내리다 사망했다. 경찰과 소방은 적기에 대응하는 데 실패했다.

오데사 학살로 인해 우크라이나의 러시아어 사용자들과 야누코비치 지지자들이 느낀 소외감은 깊어졌고, 의심할 여지 없이 5월 11일 돈바스 주민투표에서 우크라이나로부터의 독립에 투표하는 표가 늘어나는 데 영향을 미쳤다. 또한 이 학살은 키이우 중앙정부와 이를 지지하는 서방 국가들이 조용히 묵인하는 상황에서 누구든 새 체제의 정당성에 대해 문제를 제기하면 무자비한 폭력을 맛볼 것이라는 살벌한 메시지를 우크라이나 전 국민에게 발신했다.

쿠데타 이후 2014년 5월 25일 실시된 대선에서는 사탕 사업의 성공으로 '초콜릿 왕Chocolate King'이라 불리는 페트로 포로셴코가 55퍼센트의 득표율로 당선되었다. 두 극우 후보인 자유당의 올레흐 탸흐니보크와 우익섹터의 드미트로 야로시도 출마했지만, 각각 겨우 1.2퍼센트와 0.7퍼센트만을 득표했다. 또한 그해 10월 국회의원 선거에서 자유당의 지지율은 4.7 퍼센트로, 2012년 국회의원 선거 당시 10퍼센트 이상의 지지율에서 상당히 하락했다. 우크라이나 정당 정치에서 극우 세력의 영향력은 시드는 듯했다.

그러나 2014년 여름을 지나며 돈바스 지역의 갈등은 본격적인 내전으로 진행되었고, 이는 우크라이나 신나치 세력에 새로운 역할을 부여했다.

2014년부터 우크라이나 동부 지역에서의 내전을 러시아의 침략으로 규정하려는 서방의 노력은 이 갈등의 복잡한 성격을 더더욱 불분명하게 만드는 기만적인 정보전의 일부였다.

러시아가 비밀리에 무기를 제공하기도 했으나, 상당수의 우크라이나 부대는 크림반도에서 그랬던 것처럼 포대, 탱크, 방공 무기와 같은 군사 장비를 가지고 도네츠크 인민공화국과 루한스크 인민공화국 측으로 귀순했다. 서방의 퇴역군인들과 자원병들이 우크라이나 정부군과 함께 싸우러 집결했던 것처럼, 러시아의 퇴역군인들과 자원병들 역시 분리주의자들과 함께 싸우러 모여들었다.

우크라이나 군대가 자신의 국민에게 총구를 들이대는 데 반감이 있던 병사들의 저항과 망명이라는 문제에 직면한 상태에서 새로운 우크라이나 정부는 동부 지역에서 공격을 주도할 국가경비대National Guard*를 재창설했다. 여기에는 마이단 쿠데타에서 주먹 역할을 담당했던 극우 세력과 같은 민족주의 지지자를 등용한 부대들도 포함되었다.[10]**

이 부대 중 가장 유명하고 두려움의 대상이었던 부대는 공개적으로 신나치주의를 표방한 아조우 대대Azov Battalion였다. 아조우 대대는 독립을 선언한 우크라이나 동부의 도네츠크 인민공화국과 루한스크 인민공화국을 공격했던 우익섹터 민병대의 분파로 2014년 5월 안드리 빌레츠키Andriy Biletsky에 의해 창설되었다.

빌레츠키는 그 이전에는 자유당과 연계된 우크라이나애국자의 민병대 지휘관이었으나, 2007년 자유당과 갈라선 분파를 이끌었으며 2011년 12월에는 신나치 조직 간의 총격전에서 부상당한 후 구속되었다. 그는 2014년 3월 쿠데타 이후 정부에서 정치범으로 사면되어 우익섹터 민병대의 지휘관으로 임명되었으나 우익섹터와도 갈라선 이후 2014년 5월 아조우 대대를 창설했다.

---

* 우크라이나 내무부 소속의 국내 치안을 담당하는 군부대로, 2000년 쿠치마 대통령의 '비용 절감 운동'의 일환으로 우크라이나 내무군Internal Troops of Ukraine에 통합되어 해체되었다가 2014년 재창설되었다.

** 돈바스 내전 초기 1년간은 우익섹터의 우크라이나자원군Ukrainian Volunteer Corps 등 37여 개의 우크라이나 의용대(2014년 9월 기준)가 돈바스 내전에 참전했고 이후 이들은 우크라이나자원군을 제외하고 대부분 우크라이나 육군이나 국가경비대로 편입되었다. 우크라이나자원군은 우크라이나 전쟁 발발 이후까지 활동하다가 2022년 봄 우크라이나 육군에 흡수되었다. Illia Ponomarenko, "Goodbye, ATO: Ukraine Officially Changes Name of Donbas War," *Kyiv Post*, Feb 20, 2018. https://archive.kyivpost.com/ukraine-politics/goodbye-ato-hello-taking-measures-ensure-national-security-defense-repulsing-deterring-armed-aggression-russian-federation-donetsk-luhansk-oblasts.html.

5월 9일 도네츠크 인민공화국이 전략적 요충지인 마리우폴에서 정부군을 몰아낸 이후 마리우폴도 5월 11일 독립에 대한 주민투표에 참여했다. 그러나 아조우 대대와 드니프로 대대Dnipro Battalion 무장대가 6월 13일 마리우폴을 재탈환했고, 그이후 마리우폴은 아조우 대대의 근거지가 되어왔다.

아조우 대대는 이후 아조우 연대Azov Regiment로 확대되어, 전 세계 신나치 네트워크의 허브이자 군사훈련과 전투 경험이 필요한 신나치 세력과 백인 우월주의자들, 기타 극우 무장대들의 중심지가 되었다.*

두 번의 민스크 협정

돈바스에서 유혈 전투가 수개월 이어지자, 벨라루스의 수도인 민스크에서 평화협정이 개최되었다. 2014년 9월 5일 우크라이나는 전쟁을 끝내고 돈바스 지역에서의 정치적 해법을 모색하기 위한 민스크 의정서Minsk Protocol를 러시아, 프랑스, 독일, 유럽안보협력기구와 체결했다.

이 1차 협정은 전쟁을 종결시키지 못했으나 도네츠크 인

---

* 2023년 2월 아조우 여단Azov Brigade으로의 확대 개편을 발표했다. "Azov regiment expands to brigade within National Guard of Ukraine". *Yahoo! News.* 9 February 2023. https://news.yahoo.com/azov-regiment-expands-brigade-within-195700966.html.

민공화국과 루한스크 인민공화국의 대표들이 참여한 추가 교섭을 통해 2015년 2월 12일 2차 민스크 협정이 타결되었다. 이 휴전협정은 중화기가 허용되지 않는 30킬로미터의 비무장 완충지대를 설정하고, 양측의 전쟁포로 석방을 명시했다.

또한 유럽안보협력기구는 미국과 캐나다, 유럽 43개국에서 선발한 700명에 달하는 휴전 감시단과 600명의 지원 인력을 파견했다. 이들은 2022년까지 활동하며 양 진영의 협정 위반에 대해 상대적으로 객관적인 보고서들을 남겼다.

협정의 정치적 해법에 따르면, 우크라이나 국회가 도네츠크와 루한스크에서 정당성을 가지고 국제적인 감시하에 진행되는 주민투표와 선거를 진행했어야 했다. 또한 해당 지역에서 우크라이나 정부가 부여하는 데 동의했던 자치 지위를 수립할 법률 제정과 러시아와 우크라이나 정부 사이의 국경 통제의 복원을 이행했어야 했다.

2차 민스크 협정은 최악의 내전을 중단시키는 데는 성공했다. 2014년부터 2021년 사이에 총 1만 4400여 명이 사망한 것으로 추정되는데, 이 중 최소 3400명은 민간인, 4400명은 친정부 전투원, 6500명은 도네츠크 인민공화국과 루한스크 인민공화국 병사였고, 이들 중 대다수는 2015년 2월 2차 민스크 협정 체결 전인 전쟁이 발발한 첫해에 사망했다.[11]

그러나 뒤에서 보게 될 것처럼 우크라이나 정부는 민스크 협정에서 약속한 법 개정을 완수하지 못했다. 이로 인해 돈바스 지역에서의 갈등은 나고르노카라바흐와 남오세티야, 압하지야 같은 곳에서와 마찬가지로, 평화적이고 영구적인 방식으로 해결되지 않으면 더 피비린내 나는 갈등으로 발전할 위험이 상존하는 동결된 갈등으로 남았다. 비극적이게도, 문제는 해결되지 못했다.

2차 민스크 평화 구상의
성공과 실패

2015년 2차 민스크 협정의 체결 이후, 불안정하고 종종 무시된 적도 있지만 휴전은 상대적으로 우크라이나 동부에 평화를 가져왔다. 그러나 국제통화기금International Monetary Fund, IMF의 400억 달러 구제금융의 조건으로 새 정부가 다시 민영화와 공공 부문 감축을 단행하며 우크라이나 민중의 경제적 어려움이 더욱 깊어졌다.

공공 부문 급여와 연금이 삭감되었고 공공 부문 고용은 20퍼센트 축소되었으며, 보건 제도와 342개의 국유 기업이

민영화되었다. 공교육 기금도 축소되었으며, 60퍼센트의 대학이 폐교했다.[1]

쿠데타 이후 정부는 2014년 3월 말 유럽연합 가입 협정을 체결했지만, 야누코비치 대통령이 유럽연합과의 험난한 협상에서 그랬던 것처럼 이 협정 역시 길고 험난한 길에서 한 발 내딛는 것뿐이었다. 우크라이나의 만연한 부패, 정치적 혼란, 지역적 분열, 그리고 이러한 모든 문제를 해소하는 데 실패한 역사로 인해 유럽연합 지도부는 우크라이나의 유럽연합 가입 시도를 잘해봐야 장기적인 과제 정도로 생각했기 때문이다. 그로부터 2년이 지난 2016년 장클로드 융커Jean-Claude Juncker 당시 유럽연합 집행위원회European Commission, EC 의장은 실제로 우크라이나가 유럽연합에 가입하는 데 20~25년 정도가 더 걸릴 수 있다고 언급했다.

서방의 지원을 받은 우크라이나 정부는 구태에 젖은 부패한 탈소련기 우크라이나와 자신을 비교하며 새롭고 민주적인 우크라이나의 이미지를 홍보했지만, 이는 분명 속 빈 강정이었다. 국제통화기금이 강제한 개혁의 요체는 우크라이나를 우크라이나 민중에게 돌려주는 것이 아니라 서구 자본, 그리고 주머니를 두둑하게 채운 국내 올리가르히와 서방 재벌의 합작사들에게 우크라이나를 개방하는 것이었다.

2015년 3월 조지 소로스George Soros는 10억 달러를 우크라이나에 투자할 것이라고 발표했는데 이 말은 '민영화 폭탄 세일'에서 특가상품을 쇼핑하겠다는 말과 다름없었다. 우크라이나의 미래에 소로스가 끼친 영향은 2015년 11월 키이우에서 열린 성대한 행사에서 대통령 포로셴코가 그에게 수여한 우크라이나 최고 서훈인 자유의 훈장으로 알 수 있다.

결국 우크라이나의 GDP는 2012년부터 2016년 사이 거의 25퍼센트 하락했고, 우크라이나는 코소보나 몰도바처럼 유럽에서 가장 빈곤한 국가로 남게 되었다. 돈바스에서의 내전은 이러한 경제적 난관을 더욱 악화시켰을 뿐이다. 돈바스는 우크라이나 공업의 중추였고, 2차 민스크 협정의 휴전선 동쪽인 도네츠크주와 루한스크주의 주요 도시들에는 두 주의 인구 대다수와 경제적 자원이 밀집해 있었다.

2차 민크스 협정에서 합의된 조항 중 가장 우선하기로 한 세 가지 우선적 조치, 즉 휴전, 비무장 완충지대의 설정, 유럽 안보협력기구의 휴전 감시단 파견으로 내전에서 가장 많은 사상자와 피해를 발생시킨 국면은 종결되었다. 일부 포로들은 수년간 억류되었고 포로 모두가 석방된 것도 아니었지만, 양 측은 포로 일부를 교환하기도 했다. 그러나 나머지 조항들은 이행되지 않았고, 도네츠크 '인민공화국'과 루한스크 '인민공화국'의 정치적 지위는 교착 상태에 머물게 되었다.

2차 민스크 협정의 네 번째 조항은 우크라이나 국회가 30일 안에 도네츠크와 루한스크에서 선거를 실시하기 위한 법을 마련해 통과시키는 것이었으나, 그런 일은 일어나지 않았다. 또한 분쟁을 해결하기 위해 2015년 말까지 권한을 분산시키고 돈바스에 새로운 헌법적 자치 지위를 부여하는 조치를 완료해야 한다는 조항도 있었으나 그 역시 이행되지 않았다.

우익의 반대와 미국의 방해

우크라이나 군대가 휴전과 비무장지대에서 중화기를 철수하는 데는 협조했으나, 협정의 정치적 측면을 이행하기 위한 포로셴코 대통령의 노력은 국내외에서 즉각적인 역풍에 맞닥뜨렸다.

2014년 야누코비치에 대한 쿠데타와 관련해 미국이 개입한 전체 범위가 얼마나 되는지는 여전히 장막에 가려져 있지만, 미국은 당시 쿠데타를 강력히 지지했고 일정 부분 쿠데타를 설계한 측면이 있다. 그러나 미국 입장에서 돈바스 내전은 쿠데타의 의도하지 않은 결과였다. 그래서 오바마 정부는 민스크 협상 과정에서 일정한 거리를 유지하며 프랑스와 독일이 서방의 이해관계를 관철시키도록 했고, 뉼런드 미 국무부 차관보의 "유럽연합은 엿 먹으라"라는 발언으로 인해 만들어진 거북한 혼선을 프랑스와 독일이 정리하게 두었다.

미국의 공식적인 입장은 항상 2차 민스크 협정을 지지한다는 것이었다. 미국은 여러 공식 입장문에서 협정의 미이행을 러시아 탓으로 돌렸고 협정의 정치적 측면과 관련한 핵심적 문제들보다는 휴전 관련 사항의 위반을 강조했다.

그러나 미국은 '방해꾼spoiler'의 역할을 꾸준히 해왔다. 분쟁 해결 전문가들은 종종 이러한 평화협정이 실패하는 데 외부 세력이 개입하는 것으로 보는데, 미국이 그 역할을 해왔다는 것이다. 대리인proxy, 즉 여기에서는 우크라이나 정부가 합의된 정치적 해법이 아니라 군사적 대안을 추구하도록 조용히 인센티브를 주며 후원하는 방식으로.

오바마 행정부는 우크라이나에 '살상' 무기 지원을 금지하는 동시에 2차 민스크 협정 체결 직후인 2015년 3월에 750억 달러 규모의 '비살상' 군사 장비를 지원했다.

그로부터 한 달 후 미군 제173공수여단173rd Airborne Brigade에서 300명의 교관이 돈바스 전투에 참여하고 있는 국가경비대에 "전쟁 수행 능력에 관한 훈련"을 제공하기 위해 르비우주의 야보리우에 도착했다. 이들 미군 낙하산 부대원들에 더해 캐나다에서 200명, 영국에서 75명의 교관이 더 파견되었다. 이에 대해 러시아는 우크라이나의 "상황을 심각하게 동요시킬 수 있다"라며 경고했다.[2]

우크라이나 정부는 2015년 10월 자국 내에서 치를 예정이었던 지방 선거에 맞춰 두 인민공화국에서도 선거를 진행할 계획이었으나 민스크에서 진행된 회의에서 우크라이나와 러시아, 각 인민공화국, 유럽안보협력기구 간의 의견 차이로 인해 이 계획은 무산되었다. 두 인민공화국의 지도부는 이 문제를 스스로 해결하기로 결정하고, 2016년에는 예비 선거를, 2018년에는 총선을 실시했다. 그러나 우크라이나 중앙정부는 여기에 관여하지 않았고 선거는 국제적 공인을 받지 못했다.

우크라이나 국회에서는 2015년 돈바스 자치권 초안을 겨우 통과시켰으나, 법안은 양쪽으로부터 비판받았다. 돈바스의 지도부와 러시아는 법안이 2차 민스크 협정의 규정들을 충분히 만족시키지 못했다고 주장했고, 우파 자유당은 돈바스의 자치에 반대하며 국회 건물 앞에서 폭력 시위를 벌이고 경찰과 국가경비대와 대치하다가 전면 충돌했다.[3]

여기에서 국가경비대 1명이 사망했고 122명이 부상으로 입원했으며, 정부군 측에 수류탄을 던진 자유당 당원 1명을 포함해 30명이 체포되었다. 포로셴코는 폭력 시위를 쿠데타 이후 정부에서 그의 극단주의 협력 세력들이 자신의 "등에 꽂은 비수"라고 규정했고, 법안도 최종 통과되지 못했다.

프랑스와 독일은 2차 민스크 협정 내용을 준수하기 위해 러시아, 우크라이나와 협의를 지속했지만, 우크라이나 극우 세력을 통제하지 못한 포로셴코의 무능력으로 인해 진전되지 않았다.

협정으로 인해 내전의 피해를 감소시키는 데는 상당히 성공했지만 정치적, 외교적 실패로 인해 궁극적으로 협정이 형해화되었다는 것이 2차 민스크 협정의 비극이었다.

군사적인 측면만 보자면 2차 민스크 협정은 점진적으로 내전을 완화하는 데 성공했고, 협정이 유효했던 지난 7년간 민간인 사상자를 지속적으로 줄일 수 있었다. 3404명의 민간인이 내전으로 사망했다고 추정되는데, 2015년 2월 2차 민스크 협정이 체결되고 나서 2015년 말 이후의 사망자는 이들 중

568명뿐이었고, 그중 203명은 지뢰와 불발탄으로 인한 사망자였다.

2018년부터는 실제 군사적 충돌보다 지뢰와 불발탄으로 발생한 민간인 사상자가 더 많았다. 2020년부터 2021년 사이에 실제 휴전협정 위반으로 사망한 민간인은 15명뿐이었고, 실제 군사적 충돌로 인한 전체 민간인 사상자는 2018년 162명에서 2021년 44명으로 매년 꾸준히 감소했다.[4]

또한 2018년부터 2021년 사이 사상자의 81퍼센트는 두 '인민공화국'에서 발생했고, 정부가 통제한 지역에서는 오직 16퍼센트만 발생했다는 것을 강조할 필요가 있다. 이 사실은 두 인민공화국의 주민들이 [우크라이나 정부 측의] 공격 대상이 되었다는 점을 보여주기 때문이다. 유엔은 아프가니스탄과 여타 분쟁 지역의 민간인 사상자 숫자를 심각하게 과소 추계해 왔지만, 돈바스에는 수백 명의 유럽안보협력기구 파견 휴전 감시단이 존재하므로 이 통계는 더 신빙성이 있다.

그러나 정치적, 외교적 측면에서 2차 민스크 협정은 우크라이나 중앙정부의 의지 부족, 우크라이나 내 반민주적인 극우 세력의 영향력, 유럽연합 국가들과 미국의 정치 외교적 지원의 부재와 같은 이유들로 인해 실패했다. 특히 미국은 문제를 실질적으로 해결하는 것보다 계속되는 위기를 러시아의 탓으로 돌리는 데 더 관심이 있었던 것으로 보인다.

한편 2017년 포로셴코 정부는 두 인민공화국 지역의 땅을 러시아가 실효 지배 중인 우크라이나 영토로 정의하는 법안을 발의했는데, 이는 궁극적으로 우크라이나 내전을 우크라이나와 러시아 사이의 전쟁인 것처럼 보이게 하는 효과를 발휘했다. 국회에서 통과된 이 법안에는 2차 민스크 협정에 관한 어떠한 언급도 없었다.

2018년 5월에는 포로셴코가 돈바스에서의 "반테러리스트 작전"이라 부른 활동을 공식적으로 종료하고, 대신 이를 군사작전으로 규정해 돈바스의 여러 부대를 협동 군사 지휘권coordinated military command에 배속시켰다.* 즉, 우크라이나 정부는 돈바스에서의 전쟁을 끝내기 위한 협정보다는 전적으로 전쟁의 군사적인 측면에만 초점을 맞췄던 것으로 보인다.

2017년 1월 버락 오바마에서 도널드 트럼프Donald Trump로 대통령이 바뀐 미국 정부 역시 마찬가지였다. 중동 주변에서 계속되는 미국이 관여한 전쟁들과 군사작전들에도 불구하고, 트럼프 행정부는 2018년 미국 〈국방전략서National Defense Strategy〉

---

* 2014년 최초의 돈바스 내전 발발 당시 우크라이나 정부는 이를 전쟁이 아니라 국내 테러리스트와 분리주의자들에 대응하는 '반테러리스트 작전Anti-Terrorist Operations, ATO'으로 규정했다. 그러므로 작전에 대통령 직속 기관인 우크라이나 보안국Security Service of Ukraine, 내무부 소속의 국가경비대나 특수임무순찰대Special Tasks Patrol Police 등이 참여했고, 첩보 및 대테러 작전을 수행하는 우크라이나 보안국이 전체 지휘권을 행사했다. 그러나 우크라이나 정부는 2018년 5월 1일 이 작전의 명칭을 '합동 군사작전Joint Forces Operation, JFO'으로 변경하며 돈바스 지역을 "러시아에 점령된 지역"으로 정의하고, 관련 대응을 러시아에 대한 군사작전으로 규정했다. 또한 그에 따라 우크라이나군Armed Forces of Ukraine의 지휘관이 전체 지휘권을 행사하게 되었다. Gwendolyn Sasse, "Ukraine's New Military Engagement in the Donbas," Carnegie Europe, May 03, 2018. https://carnegieeurope.eu/strategiceurope/76246.

에서 "미국의 번영과 안보에 대한 주요 과제"로서 러시아 및 중국과의 "장기적 전략 경쟁의 재현"을 명확히 규정하는 방향으로 미국의 군사정책을 변경했다.

2차 민스크 협정의 이행과 우크라이나의 운명은 러시아를 상대로 되살아난 미국의 냉전의 포로가 되었다. 그리고 그러한 갈등은 우크라이나 영토가 경쟁과 갈등의 중심이 됨으로써 우크라이나 민중에게는 심각한 결과를 예고한 채 점점 완화되지 못하고 고조되고 있었다.

트럼프 대통령을 러시아의 꼭두각시로 매도하려는 미국 민주당의 노력에도 불구하고 트럼프는 우크라이나에 살상 무기 지원을 금지한 오바마의 정책을 뒤집었고, 이후 영국과 다른 나토 국가들도 미국의 선례를 따랐다. 그에 따라 대량의 최신식 무기들이 우크라이나에 도착하기 시작했다. 대대에서 연대로 개편한 극우 성향의 아조우 연대도 미군의 신식 유탄발사기 훈련을 받은 최초의 부대 중 하나였다.[5]

미 하원의원인 로 카나Ro Khanna는 아조우 연대의 신나치 이념 및 다른 극우 단체와의 연계를 이유로, 미국 예산이 이들에 대한 무기 지원과 훈련을 위해 사용되는 것을 금지하기 위해 여러 군비 예산 관련 법안의 수정안을 제안했고, 마침내 수정안 중 하나가 2018년 통과되었다.[6]

당시 아조우 연대는 우크라이나 정규군에 완전히 통합되었던 상황이었으므로 다른 부대와 마찬가지로 미국의 무기와 군사 지원을 받지 못하도록 미군이 감시와 집행을 더욱 엄격히 해야 했지만, 금지안이 집행되었는지, 집행되었다면 어떻게 되었는지는 여전히 분명하지 않다.

2022년 러시아의 우크라이나 침공으로 인해 미군 군사 교관들이 철수하고 우크라이나에 대한 미국의 무기 공급이 급증한 이후, 미국과 동맹국들의 무기가 아조우 연대나 그들과 연계된 국제적인 우익 극단주의 및 테러 조직의 손에 들어가지 못하게 막는 것은 실질적으로 불가능해졌다. 이와 관련해 미국 관료들도 "최종적으로 지원 내역 중 일부가 예상하지 못한 곳으로 흘러갔을 가능성"을 인정했다.[7]

젤렌스키와 인민의 종

우크라이나의 2019년 대선에서 포로셴코는 유명 배우이자 코미디언이었던 볼로디미르 젤렌스키Volodymyr Zelenskyy에게 패배했다. 젤렌스키는 2015년부터 〈인민의 종Servant of the People〉이라는 풍자 드라마에서 우연히 우크라이나의 대통령이 되는 교사 역할로 엄청난 인기를 누리며 유명인이 되었다.

젤렌스키는 그의 코미디 연기에서 미국에 대한 쿠데타 이후 정부의 굴종적인 관계와 우크라이나의 신나치 세력을 웃음거리로 만들었다. 또한 그는 버락 오바마가 우크라이나의 실제 대통령이라고 농담하거나 나치 경례를 하는 우파 우크라이나인들을 조롱했다. 한 공연에서는 히틀러의 자서전 《나

의 투쟁》을 재밌게 읽었으나 우크라이나에서는 모두 품절되어 구할 수 없다고 하기도 했다.[8]

　유튜브에 있는 영상을 보면, 우크라이나 관객들이 그의 농담에 웃는 모습이나 포로셴코 정부와 우크라이나의 2014년 이후 정치 문화에 대한 젤렌스키의 빈정대는 농담에 분명하게 공감하는 장면을 확인할 수 있다. 그는 대선 유세에서 돈바스의 평화와 국가의 통합을 약속했다. 그는 또한 텔레비전 인터뷰에서 자신을 돈바스 주민과 같은 러시아어 사용자로 정의했고 러시아와 우크라이나의 역사적, 문화적 연관성에 대해서도 강조했다.

　그는 다음과 같이 말했다. "우크라이나 동부와 크림반도의 주민들은 러시아어를 사용합니다. …… 그들의 문제에 간섭하지 말아야 합니다. 그들을 그냥 그대로 놔둬야 해요. 그들에게 법적으로 러시아어를 말할 권리를 줘야 하고, 언어가 우리나라를 분열시키게 해서는 안 됩니다. 저는 유대계고, 러시아어를 쓰며, 우크라이나 시민입니다. 저는 이 나라를 사랑하고, 다른 나라의 일원이 되고 싶지 않습니다."

　2019년 젤렌스키가 대선 출마를 결정하고 정당 이름으로 자신의 텔레비전 프로그램 제목인 '인민의 종'을 차용했을 때, 사람들은 그가 농담을 한다고 생각했다. 정치 경험이 전혀 없는 배우이자 코미디언 출신인 그가 군소 후보로 보였기 때문이다. 젤렌스키는 상대보다 네 배나 많은 선거 비용을 사용하기는 했지만, 러시아어를 사용하는 동부와 남부에서 압도적인 지지를 받았고 우크라이나 전역에서 과반수를 넘는 지지를 받아 결선투표에서 포로셴코를 73 대 24로 눌렀다. 2019년 대선에서 젤렌스키가 유일하게 과반수 득표를 얻지 못한 곳은 민족주의자들과 자유당의 근거지인 우크라이나 서부의 르비우뿐이었다.

젤렌스키가 2014년 마이단 시위를 지지하고 돈바스 전투에 참여한 자원 부대에 대한 모금을 돕기도 했지만, 그의 혜성 같은 등장은 야누코비치 정부를 전복시킨 마이단 운동보다는 야누코비치의 정치 노선에 반향하는 것처럼 보이는 평화와 통합에 대한 젤렌스키의 약속에 기초한 것이었다.

젤렌스키는 대통령으로서 내전에 대한 그의 첫 발언에서 돈바스 지도자들과 평화협상에 "재시동"을 걸겠다고 약속했고, "어떠한 경우라도 민스크 협상의 노선을 지속하며 휴전을 완료하는 방향으로 나아가겠다"라고 언급한 바 있다. 그는 국내 정치와 관련해서는 부패를 척결하고 포로셴코와 같은 올리가르히에게 맞서겠다고 약속했으나, 그 부패와 올리가르히가 생겨난 최초의 발판인 신자유주의 정책에 대한 언급은 없었다.

다른 나라의 연예인 출신 정치인들의 선례처럼 젤렌스키 역시 특정한 정책 노선보다는 주로 그의 가상의 캐릭터가 가진 인기에 호소했고, 정치적 '아웃사이더' 지위의 덕을 보았다. 심지어 그는 "약속이 없으면 실망도 없는 법"이라는 말까지 했다. 그가 대선에서 승리했을 때 BBC의 키이우 특파원 조나 피셔Jonah Fisher는 "현실이 예술을 모방하는 걸까요? 아니면 우리는 세련되고 매우 21세기적인 방식으로 선거를 도둑질하는 걸 목격하고 있는 걸까요?"라고 물었는데, 우리는 그 질문에 "둘 다"라고 거의 확실히 답할 수 있겠다.[9]

후자라면, 그 도둑질의 배후에 있었던 건 누구일까? 젤렌스키는 현실 정치 경험이 없는 배우였는데, 그렇다면 누가 이 '인민의 종'에 묶인 인형극 줄을 뒤에서 조종하게 될까? 코미디언일 때 그는 포로셴코를 오바마의 꼭두각시라고 비꼬았지만, 이제 그는 트럼프의 꼭두각시가 될 것인가? 그다음에는 바이든의 꼭두각시?

우익섹터와 그 민병대인 우크라이나자원군*을 설립한 드미트로 야로시는 젤렌스키의 선거 승리와 평화에 대한 그의 약속을 두고 텔레비전 인터뷰에서 다음과 같이 말하며 젤렌스키의 목숨을 위협했다.

"어떠한 대가를 치르더라도 평화를 추구하겠다는 그의 성명은 위험하다. 그 '대가'가 무엇인지 깨닫는다면 좋겠지만 그는 자신이 말하고 있는 그 '대가'가 무슨 의미인지 전혀 이해하지 못하고 있다. 우리더러 복수를 하지 말라는 것인가? 이 나라는 어중이떠중이들의 것이 아니다. 난 순진한 얼간이들 한 무리의 의견 따위는 신경 쓰지 않는다. 이 나라는 지난 5년간 매일매일 나라를 위해 목숨을 바친 전사들의 것이다. 여

---

* 돈바스 내전을 계기로 2014년 7월 우익섹터가 만든 준군사조직으로 돈바스 지역에서 우크라이나 전쟁 발발 이후까지 활동하다가 2022년 봄 우크라이나 육군에 흡수되었다.

긴 우리의 조국이고 우리는 잠시 지나가는 행인들에게 우리의 조국을 맡기지 않을 것이다."

야로시는 이어서 이렇게 말했다. "젤렌스키는 취임 연설에서 자신의 지지율과 인기, 지위를 잃을 준비가 되어 있다고 말했다. 그러나 젤렌스키는 목숨을 잃을 것이다. 그가 우크라이나를 배신하고, 혁명과 전쟁에서 목숨을 잃은 이들을 배신한다면 그는 흐레샤티크 거리Khreshchatyk*의 나무에 걸려 교수형에 처해질 것이다. 젤렌스키가 이것을 제대로 이해해야 할 것이다."[10]

또한 2019년 10월 14일 약 1만 명으로 추산되는 우파 시위대가 흰 가면과 검은 복장으로 신원을 숨기고 키이우에서 행진했다. 이들은 붉은 불꽃신호기를 횃불처럼 들고 "우크라이나에 영광을! 항복 불가!"와 같은 구호를 외쳤다.

2019년 10월 젤렌스키는 파리에서 개최된 프랑스, 독일과의 회담에서 새로운 협정을 체결했는데, 기존 2차 민스크 협정에서 합의된 것처럼 러시아 및 두 인민공화국과 함께 돈바스 접경에서 중화기를 철수하고 포로를 교환하고 두 인민공화국에 자치권을 부여하고 새로운 선거에 협력하는 내용이었다.

일부 부대가 그의 명령대로 철수하는 것을 거부하자 젤렌스키는 직접 루한스크주로 날아가 아조우 연대와 대치하는 장면을 텔레비전으로 생중계하며 자신이 우크라이나의 대통

---

* 키이우 시내의 주요 거리.

령이며 대통령으로서 철수를 명했다.

그러나 극우 단체들은 최전선에서 우크라이나 군대를 대체할 자원병을 우크라이나 전역에서 모집해, 군대 철수를 저지하기 위한 무장 검문소를 설치했다.

젤렌스키가 우파와 나토에 항복하다

젤렌스키도 포로셴코가 상대했던 극단주의적 우크라이나 민족주의 세력과 직면했는데, 그는 미국으로부터 자신의 평화 이니셔티브에 대한 지원이 없는 상태에서 민스크 협정 이행과 관련한 시도들을 단념했다. 포로셴코와 마찬가지로 젤렌스키도 돈바스의 지도부를 "테러리스트들"이라 지칭하며 대화를 거부하기 시작했다.

미국의 가장 존경받는 소련 연구자 중 한 명이었던 고故 스티븐 코언Stephen Cohen 교수는 애런 마테Aaron Maté 기자에게 젤렌스키의 잃어버린 기회를 한탄하며 "70퍼센트 이상의 압도적인 지지를 받아 당선된 새로운 대통령 젤렌스키에게 이 전쟁을 끝내기 위한 러시아와의 협상은 반드시 잡아야 할 기회다. 그리고 거기에서 미국은 젤렌스키에게 '우리가 지지할 테니 추진하라'라고 해주기만 하면 된다"라고 했다.

그러나 미국은 그를 지지하지 않았다. 미국은 자신들이 우크라이나의 극우 세력과 공유하는 러시아에 대한 반감 때문에 오히려 평화 프로세스를 흠집 내기 위해 활동하는 자유당과 우익섹터, 아조우 연대의 유효한 동맹이 되었다.

그 대신 젤렌스키 정부는 2차 민스크 협정를 '창의적으로' 해석해 협정에서 이행하기로 했던 조치의 순서를 역전시켰다. 그는 선거와 자치권 관련 조항을 법제화한 이후가 아니라 그 이전에 두 자치공화국이 러시아-우크라이나 국경의 통제권을 우크라이나 중앙정부로 복귀시키고 러시아 군대를 축출하는 조치를 실행해야 한다고 주장했다.

또한 유럽안보협력기구 휴전 감시단은 몇몇 제한적 비밀 군사 지원 사례에서만 러시아군의 역할을 확인했으나, 우크라이나 정부는 내전에서 러시아 군대의 역할을 지나치게 과장했다. 그러나 우크라이나는 내전이 아니라 러시아와의 전쟁을 수행하고 있다는 우크라이나의 주장이 젤렌스키 정부와 미국, 그리고 서방 동맹국들이 적극적으로 선전한 내러티브의 핵심이 되었다.

평화에 대한 일반 대중의 희망이 버림받게 되자 젤렌스키의 인기 역시 하락했다. 그에 대한 지지도는 17퍼센트 언저리로 떨어졌고 2년간 그 수치에 머물렀다. 러시아의 침공으로 인해 그가 민족을 구원하기 위해 노력하는 전시戰時 지도자라는 역사에서 익히 보아온 전형적 배역을 맡게 되기 전까지는 말이다.

그 사이 미군의 제7육군교육사령부U.S. 7th Army Training Command 는 우크라이나 서부 도시인 야보리우의 나토 군사훈련 기지를 영국, 캐나다와 나토 국가들의 병력과 미군 및 우크라이나 국가경비대까지 배치된 나토의 주요 기지로 강화했다. 또한 나토는 우크라이나 해군 역량을 강화하고, 미국과 영국 및 나토 국가들의 전함을 배치하면서 흑해에서 러시아 해군의 지배력에 도전했다.

한편 미국 중앙정보국Central Intelligence Agency, CIA은 우크라이나군에 저격, 파괴, 암살 관련 훈련을 시키려는 목적의 소규모 특수작전 부대들을 우크라이나 동부로 보낸 것을 인정했다. 그리고 러시아 침공 이후 여러 러시아 장성의 암살이라는 형태로 그 성과가 드러난 것으로 보인다.

서방의 대규모 지원은 러시아를 궁지로 몰아넣었다. 러시아 전문가인 앤드루 와이스Andrew Weiss는 2021년 11월《뉴욕타임스New York Times》에서 러시아가 여전히 "확전우위escalation dominance"*를 점하고 있다고 설명했는데, 이는 러시아가 우크라이나에서 전쟁이 발생한다면 미국과 나토보다 더 강력한 군사력을 투입할 수 있다는 의미다.[11] 그러나 러시아의 확전우위는 우크라이나의 실제 나토 가입 여부와는 별개로 우크라이나군이 점차 증가하고 나토 수준의 훈련을 거치며 약화할 것이었다.

이것은 러시아 입장에서 러시아가 돈바스와 크림반도를

---

* 국제정치학적 개념으로 분쟁 당사국 가운데 한쪽이 스스로의 의도대로 상황을 통제할 수 있는 주도권을 확보해 유리한 방향으로 분쟁을 종결시킬 수 있는 군사적 능력을 보유한 상황을 가리킨다.

방어하려 할 경우, 해마다 소기의 목적을 달성하기 위한 러시아의 확전우위가 감소한다는 의미이며, 우크라이나에게 유리한 방향으로 군사적 균형이 바뀌고 미국 및 나토와의 핵전쟁 위험을 증가시킨다는 의미이기도 하다.

미군은 자신들이 러시아 지도자들을 궁지로 몰아넣고 있다는 것을 잘 인식하고 있었다. 2019년 미 육군은 2018년 미국 〈국방전략서〉에서 묘사한 개념인 부활한 "장기 전략 경쟁long-term strategic competition"의 일환으로, 미국이 러시아를 압박하거나 러시아의 개입을 "확장"시킬 다양한 전략들이 가진 잠재적 손익을 따져보기 위해 랜드연구소RAND Corporation에 총체적인 연구 보고서를 의뢰했다.

〈러시아 과잉 확장시키기와 균형 무너뜨리기: 비용 부과 선택지의 영향에 대한 평가〉라는 랜드연구소 보고서는 광범위한 미국 정책 선택지의 성공 가능성과 편익, 비용 및 위험요인을 평가했다.[12]

안타깝게도 미국과 나토가 선택한 선택지는 이 보고서에서 "고비용, 고위험"으로 분류한 것들을 포함하고 있다. 여기에는 "우크라이나에 살상 무기 지원", 러시아에 대한 "강화된 무역 및 금융 제재 부과", "전술 핵무기 추가 배치"(나토는 유럽에 배치된 1979년 시대의 미국 핵폭탄들을 2024년부터 신형 B61-12 핵폭탄으로 교체할 계획이다), "핵무기 관리 체제에서의 탈퇴", 그리고 러시아 국경과 더 가까이에 재래식 무기와 핵무기를 배치하려는 다양한 시도 등이 있다.

3장

러시아의 우크라이나 침공

바이든이 대선에서 승리한 이후 빅토리아 눌런드가 미 국무부 서열 3위인 정무차관으로 복귀했다. 눌런드는 과거 국무부의 유럽·유라시아 담당 차관보로서 보여준 잦은 키이우 방문과 2014년 유출된 통화 녹음 내용으로 인해 일반적으로 야누코비치 반대 쿠데타에 깊이 관여했을 것이라고 인식되고 있었다.

당시 그녀의 활동은 러시아의 크림반도 병합과 돈바스에서의 유혈 내전, 러시아와의 지속적인 긴장 격화라는 결과를 가져왔다. 그러나 이 중 무엇도 2021년 바이든이 뉼런드를 더 고위직에 임명하는 것을 막지 못했다.

왜 바이든은 2014년 뉼런드의 관리 감독하에 우크라이나에서 일련의 사태가 벌어진 이후에도 그녀를 다시 불러들여 더 중요한 요직을 맡겼을까? 바이든과 미국 지도자들에게는 러시아에 맞선 미국의 전략적인 '거대한 게임'이 가장 중요한 우선순위인 것인가? 이후 국방부 장관 로이드 오스틴Lloyd Austin 이 러시아를 "약화"시키는 것이 미국의 목표라고 했던 것처럼, 그 목적을 위해서는 우크라이나에서 수년간의 전쟁과 유혈 사태가 벌어지는 것도 충분히 감수할 만한 비용이라고 생각하는 것인가? 이는 당시 미 국무부 장관 매들린 올브라이트 Madeleine Albright의 1996년 연설을 떠올리게 한다. 올브라이트는 그녀가 옹호하던 이라크에 대한 살인적인 제재가 실제 목표였던 사담 후세인Saddam Hussein을 제거하지도 못했음에도, 그 제재로 인해 50여만 명의 이라크 아동이 사망한 것이 "그럴 가치가 있었다"라고 했다.

충돌로 가는 길의 바이든과 푸틴

바이든이 취임한 얼마 후 돈바스 지역의 내전이 격화된다는 루머가 퍼졌고, 젤렌스키는 2021년 3월 24일 러시아로부터 크림반도를 수복하는 것이 공식적인 우크라이나의 정책이라는 법령을 공포했다. 곧 막대한 군사 장비가 철로를 통해 우크라이나 남부와 동부로 반입되었다는 보도가 나왔고, 러시아는 돈바스 국경 지역과 크림반도에 추가 병력을 배치하는 것으로 대응했다.

2021년 4월 5일, 세르게이 랍코프Sergei Ryabkov 러시아 외무차관은 민스크 협정을 이행하기 위해 미국이 우크라이나에 영향력을 행사해달라고 요청했다. 이후 4월 9일 우크라이나 군의 총사령관은 젤렌스키 대통령에게 돈바스와 크림반도를 "해방"시키기 위해 무력을 사용한다면 "받아들일 수 없는" 수준의 민간인 및 군인 사상자가 발생할 것이라고 보고했다. 젤렌스키는 이러한 자문을 받아들여 새로운 휴전협정을 요청했다.

4월 13일 바이든과 푸틴은 전화 통화를 통해 제3국에서의 대면 회담 가능성을 논의했다. 다음 날 랍코프 외무차관은 "상황이 격화된다면 우리는 당연히 러시아의 안보를 담보하기 위해, 그리고 우리 시민들이 어느 곳에 있는지에 상관없이 그들의 안전을 담보하기 위해 할 수 있는 모든 것을 할 것이다"라고 말하며 돈바스 지역의 러시아계 주민들에 대한 관여를 거듭 확인했다.[1]

4월 22일 러시아 국방부는 우크라이나 국경에서 군대를 철수한다고 발표했고, 푸틴은 러시아 의회에서 진행한 코로나 19 팬데믹과 국내 정치에 관한 긴 연설의 말미에 2014년 우크라이나의 쿠데타를 언급하며 러시아는 "도발provocations"에 무력을 사용해 대응할 준비가 되어 있다고 발언했다.

푸틴은 "부드럽게 표현하자면 우리와 우리는 최근 그다지 사이가 좋지 않았던 국가들을 포함해 국제적 대화에 관여한 모든 세력들과 진심으로 좋은 관계를 유지하길 원한다"라고 말했다.

또한 이어서 다음과 같이 발언했다. "우리는 진심으로 다리를 불태우고 싶지 않다. 그러나 우리의 선한 의도를 우리의 무관심이나 허약함으로 착각하고 그 다리를 불태우거나 혹은 폭파할 생각이라면 그들은 러시아의 대응이 비대칭적이고 신속하며 거칠 것이라는 점을 반드시 기억해야 할 것이다. 도발 뒤에 숨어 우리 안보의 핵심 이익을 위협하는 자들은 자신들의 행동에 대해 오랫동안 한 번도 경험해보지 못한 수준으로 후회하게 될 것이다."[2]

나토와 우크라이나는 2021년 6월 흑해에서 전함 30척과 전투기 40대가 참여한 합동 해군 연습을 실시했다. 러시아는 자신들의 전함 중 한 척이 경고 사격을 했으며 러시아 영해에 진입한 영국 전함 근처의 해역에 폭탄을 투하했다고 발표했으나 영국은 이러한 사건이 있었음을 부인했다. 같은 해 9월에는 15개 나토 회원국이 우크라이나 서부에서 합동 군사 연습을 진행했다.

젤렌스키는 나토 가입을 위한 실행 계획을 끈질기게 요구했으나 나토는 준비가 되어 있지 않았기 때문에 나토 회원국에 제공하는 것처럼 우크라이나의 방어를 약속하지 않았고 그 대신 우크라이나군을 지속적으로 강화시키고 우크라이나 군에 훈련을 제공했다.

10월 말에는 돈바스의 유럽안보협력기구 휴전 감시단이 휴전협정 위반 사례가 증가하고 있다고 보고했고, 도네츠크 인민공화국의 관료들은 튀르키예제 드론을 이용한 우크라이나군의 공격으로 자신들의 곡사포 한 대가 파괴되었으며, 완충지대에 있는 마을 스타로마리우카Staromarivka에서 우크라이나 정부군이 러시아 시민들을 체포한 사실을 보고했다.

당시 러시아는 2019년부터 우크라이나에 드론을 공급하고 있던 나토 가입국 튀르키예에 대해 불만을 표명했다. 튀르키예는 리비아, 시리아, 이라크에서도 동일한 바이락타르 Bayraktar TB2 드론을 사용했고, 아제르바이잔도 2020년 나고르노카라바흐 전쟁 당시 민간 및 군사 표적에 같은 드론을 사용해 끔찍한 피해를 가한 바 있다.

보도에 따르면 우크라이나는 2022년 1월까지 튀르키예제 드론을 20대 보유하고 있었고, 튀르키예 군부대가 우크라이나에서 우크라이나군에게 드론 사용법에 대한 훈련을 제공했다. 또한 러시아의 침공 이후 최소 13대의 TB2 드론이 격추되었지만, 2022년 3월에는 더 많은 TB2 드론이 우크라이나로 인도된 것으로 알려졌다.

바이든 행정부는 2021년 우크라이나에 2억 7500만 달러 규모의 군사 지원을 했고, 2014년부터 따지면 미국의 군사 지원 규모는 총 25억 달러에 이르게 되었다.

그해 10월 나토가 나토 본부가 있는 브뤼셀에서 여덟 명의 러시아 연락장교를 스파이 혐의로 추방한 이후, 바이든은 차관 뉼런드를 모스크바로 보내 대화에 임하게 했다. 이는 바이든이 양측의 긴장을 해소하려는 데 진심이었다면 취하기 어려운 도발적인 선택이었다. 뉼런드는 여전히 과거의 공격적인 행동으로 러시아의 제재 대상이었고, 러시아 땅에 발을 들이기 위해서는 러시아에 임시 제재 면제 허가까지 요청해야 하는 상황이었다.

뉼런드는 러시아 정부에 미국이 2차 민스크 협정 준수와 우크라이나 사태의 평화로운 해결에 최선을 다하겠다고 설명했다. 그러나 여기에 전혀 설득되지 않았던 러시아는 뉼런드의 방문 이후 30년간 이어졌던 나토와의 공식적인 협력을 끝내고 모스크바에 있는 나토 연락 사무소를 폐쇄했다.

그 사이 로이드 오스틴 미 국방부 장관은 키이우로 날아가 젤렌스키에게 미국은 우크라이나의 나토 가입 시도를 지지하며 계속 무기를 공급하겠다고 약속했고, 공식적으로 "우크라이나 동부에서 전쟁을 지속시키는" 러시아를 규탄했다.

미국과 러시아의 관계가 다시 최악으로 치닫고 우크라이나에서의 긴장이 고조되는 와중에 바이든은 2021년 11월 초 윌리엄 번스William Burns 미 중앙정보국 국장에게 소방수 역할을 맡기며 그를 모스크바로 보냈다.

번스 국장은 바이든 행정부 외교팀에서 가장 전문성이 높고 경험이 많은 외교관으로 알려진 인물이다. 그는 2002년 중동 담당 차관보로서 당시 조지 부시George W. Bush 미 대통령과 콜린 파월Colin Powell 미 국무장관에게 이라크 침공은 "실패로 돌아갈 수 있고" 미국의 국익에 "최악의 상황"이 될 수 있다고 경고했으며,[3] 2005년부터 2008년까지는 모스크바 대사로서 우크라이나의 나토 가입을 허가하지 말라고 부시에게 경고했다. 이후 오바마 정부 국무부 차관으로서는 포괄적 공동행동계획JCPOA으로 결실을 보게 되는 이란과의 비밀 핵협상을 이끌기도 했다.

번스는 모스크바에서 분명 러시아가 자신들의 '한계선red lines'에 대해 얼마나 심각하게 인식하고 있는지, 미국의 정책이 그 한계선을 넘어 더 심각한 위기를 촉발하는 상황에 얼마나 가까이 있는지를 명확하게 느끼고 돌아왔을 것이다. 냉전 초기, 특히 쿠바 미사일 위기*로부터 미국과 소련이 배운 중요한 교훈이 있다면 그것은 미국과 소련이 핵전쟁을 피하고 싶다면 서로 존중해야 하는 각자의 '한계선'이 있다는 사실이다.

미국은 1990년대부터 러시아와의 극심한 경제·군사적 힘의 불균형으로 인해 러시아의 '한계선'을 무시해도 된다고 간주해왔다. 그러나 러시아는 2007년부터 그러한 행위가 러시아에게 받아들일 수 없는 위협으로 다가오고 그로 인해 군사적으로 대응할 수밖에 없을 수 있다고 경고해왔다. 또한 나

---

* 1962년 10월 22일부터 11일간 핵탄도 미사일을 쿠바에 배치하려는 소련의 시도를 둘러싸고 미국과 소련이 대치해 핵전쟁 발발 직전까지 갔던 국제적 위기다.

토 회원국들만이 아니라 러시아를 포괄하는 유럽의 모든 국가를 보호하기 위해서는 좀 더 포용적인 새로운 공동 안보 체제가 필요하다고 요구해왔다.

번스의 모스크바 방문 이후 결과적으로 무산되었지만 미-러 관계의 근원적 위기를 논의하기 위한 외교적인 시도도 있었다. 2021년 12월에 러시아는 하나는 러시아와 미국을 당사자로, 다른 하나는 러시아와 나토를 당사자로 하는 공동 안보 조약의 초안 두 개를 선제적으로 제안했다. 이 제안은 '모 아니면 도' 식의 요구나 최후통첩이 아니라 협상을 위한 초안이었으므로 미국이나 나토가 동의하지 않을 표현이 있다면 충분히 협상 테이블에서 논의할 수 있었다.

미국-러시아 조약의 8개 항과 러시아-나토 조약의 9개 항은 각각 러시아의 지도자들이 현재의 미국과 나토의 정책에 의해 자신들의 안보가 위협받을 수 있는 특정한 상황을 명시하고 이를 조정하기 위해 만들어진 것이었다.

그러나 미국과 나토는 러시아의 제의를 간단하게 거부했다. 러시아의 제안에는 나토 확장이나 러시아 국경 근처에 핵 탑재가 가능한 무기의 배치, 우크라이나의 무장에 대한 지원, 중거리 핵전력 조약Intermediate-Range Nuclear Forces Treaty, INF의 탈퇴, 핵 위험의 긴장을 이완시키기 위한 러시아와 나토 사이의 전화 핫라인의 부재와 같은 이슈들이 있었으나, 미국과 나토는 어떠한 문제에 대해서도 해당 초안이 협상의 바탕이 될 수 있음을 인정하지 않았다.

여기서 핵심은 핵 문제와 관련한 소통의 문제였다. 미국은 위성 기반의 조기 경보 시스템을 갖추고 있어, 미국 정부가 도래할 핵 위협이 진짜인지 여부를 판단하는 데 30분의 시간을 할애할 수 있었다. 그러나 러시아는 그에 상응하는 시스템을 가지고 있지 않아 지상에 설치된 레이더에 의존했기 때문에 위험을 판단하고 반격을 개시할지 결정하는 데 15분밖에 확보할 수 없었다. 그 말은 결국 미국과 나토가 핵무기를 러시아 영토 가까이에 배치할수록 핵 공격 여부를 판단하기 위해 러시아가 확보할 수 있는 시간이 줄어든다는 의미다.

예컨대, 《원자력 과학자 회보Bulletin of the Atomic Scientists》에 실린 2017년의 분석처럼 미국은 러시아의 미사일이 발사되기 전에 이를 무력화할 능력을 발전시킬 수 있으므로, 미국의 핵무기 관련 기술의 향상으로 인해 러시아에 대한 미국의 선제 핵 공격의 위험이 더욱 증가했다.[4] 러시아로서는 미국이 정말로 선제 타격을 의도하는 것인지 군사 강대국이 일반적으로 그러는 것처럼 단순히 무기 체계를 발전시키려고 하는 것인지 확신할 수는 없지만, 최악을 대비할 수밖에 없었다.

결국 나토의 확장과 핵무기의 '현대화', 군축 관련 협정의 폐기와 여타 미국의 대외정책들은 러시아에 진정한 안보 위협을 제기한다. 그러므로 러시아의 우려를 악질적인 침략 계획을 위한 연막 작전과 다름없는 것으로 치부하는 정치적 수사는 방향도 잘못되었고 극히 위험하다.

러시아가 우크라이나를 침공할 것이라는 우려가 증가하

던 2022년 1월과 2월 무렵, 러시아는 국경 근처에 병력을 집결시켰으나 침공 계획을 부인했다. 오히려 우크라이나 정부는 전쟁의 북소리가 커지면서 생긴 우크라이나 민중과 경제에 미치는 공포를 진정시키려고 했다.

러시아는 미국과의 관계와 관련된 근본적 위기에 관해 외교적으로 논의하기 위해 미국과 협상하려고 노력했다. 모든 당사자가 2차 민스크 협정을 존중하고 지지한다고 표명했으나, 우크라이나와 미국 모두 협정을 제대로 이행하기 위한 실질적인 조치를 취할 의지가 없었다.

젤렌스키는 여전히 돈바스의 '테러리스트들'과의 대화를 거부했고, 서방의 관료들은 우크라이나가 돈바스와 크림반도 지역을 전쟁을 통해서만 수복할 수 있다는 불편한 진실은 조심스럽게 회피하면서 해당 지역을 포함해 국제적으로 승인받은 우크라이나 영토 전체에 대한 우크라이나의 자결권을 지지한다는 말만 되풀이했다.

우크라이나에 상주하고 있던 700명의 유럽안보협력기구 휴전 감시단 단원과 600명의 직원은 러시아의 침공 전 나흘 동안 포격과 기타 휴전협정 위반 사항이 급격히 증가해 총 5667건의 휴전협정 위반 사항과 4093건의 폭발 등이 발생했다고 보고했다. 유럽안보협력기구 일간 보고서에 실린 지도를 보면 대다수의 폭발은 두 인민공화국 지역 안에서 발생했는데, 이는 우크라이나 정부군에 의한 포격이 강화되어 발생한 결과일 수밖에 없다는 것을 의미한다.[5]

포격이 격화된 배경에 긴장이 증가하는 와중에 발생한 내전의 또 다른 돌발적인 상황이 있었던 것인지, 아니면 2차 민스크 협정을 명시적으로 거부하고 강제력을 동원해 두 인민공화국 지역의 영토를 수복하려 한 우크라이나 정부의 새로운 공세가 시작된 것이었는지는 명확하게 확인할 수 없다.

미국과 영국의 고위 관리들은 러시아의 침공 전 발생한 우크라이나 정부의 도발 강화와 관련한 보고들이 반군에 의해 연출된 "위장 술책" 사건이라며 부당하게 기각했다. 그러나 경험과 훈련을 충분히 겸비한 다수의 국제 감시단이 현장에서 상세한 일간 보고서를 제출하고 있는 상황에서, 미국과 영국의 주장은 역사의 결정적인 국면에서 본질을 희석하고 세계의 이목을 잘못된 방향으로 호도하기 위한 계획에 지나지 않은 것으로 보인다.

그 사이 러시아는 계속해서 더 많은 병력을 국경에 배치했다. 러시아는 2월 21일 도네츠크 인민공화국과 루한스크 인민공화국을 독립국으로 인정했고, 두 나라와 친선 및 상호 원조 협약을 체결했다.

또한 푸틴은 연설을 통해 그간의 전개 사항을 언급하며 왜 러시아가 우크라이나의 나토 가입을 그것의 실제 실현 시점과 상관없이 중요한 위협으로 인지하는지 자세히 설명했다.[6]

푸틴에 따르면 "미국의 전략 계획 문서들은 적국의 미사일 체계에 대한 소위 예방적 공격의 가능성을 승인하고 있다. 또한 우리는 미국과 나토의 주적이 누구인지를 알고 있다. 바로 러시아다. 나토의 문건들도 공식적으로 우리나라가 유럽-대서양 안보에 주요 위협임을 공언하고 있고, 우크라이나는 그러한 공격을 위한 전진 거점으로 기능할 것이다".

러시아는 수차례 침공 계획을 부인했으나 결국 2022년 2월 24일 우크라이나를 침공했다. 우크라이나 정부의 공세에 맞서 두 인민공화국의 방어를 강화하기 위해 돈바스에 병력을 보낸 것에 더해 우크라이나 동부의 돈바스 경계선뿐만 아니라 크림반도와 경계를 이루는 실질적인 남부 국경선, 또한 키이우와 수미, 하르키우의 북부 국경선도 넘어 다방면의 전선으로 우크라이나를 침공했다.

러시아의 침공은 다방면에서 불법적이다. 자위적 차원의 행위가 아닐 뿐만 아니라 유엔의 승인도 받지 않았다. 켈로그-브리앙 조약Kellogg-Briand Pact*과 유엔 헌장을 포함한 국제법적 측면에서 이번 침공은 불법적 침략 범죄다. 하지만 미국의 고위 관리들이 반복적으로 주장하는 것처럼 "도발 없이 unprovoked" 일어난 일은 절대 아니다.

러시아군이 키이우와 다른 도시들로 진군해가면서 많은 여성, 아동, 노인이 고향에서 피난길에 올랐고, 많은 경우 우

---

* 제1차 세계대전 이후 항구적인 평화 체제 수립을 위한 노력의 일환으로 1928년 미국, 프랑스 등 15개국에 의해 체결된 전쟁포기에 관한 조약이다. '부전不戰 조약General Treaty for the Renunciation of War'이라고도 불린다. 각 국가가 전쟁포기를 선언하고 국제분쟁을 평화적 수단으로 해결할 것을 규정하는 내용을 담았다. 그러나 조약의 규정을 위반한 경우에 대한 제재 방법을 규정하지 못한 한계가 있다.

크라이나를 떠나야 했다. 2022년 7월 초 무렵에는 550만 명이 피난 혹은 망명을 선택해야 했고, 770만 명은 우크라이나 내의 피난민이 되었다. 다 합치면 우크라이나 전체 인구의 약 30 퍼센트가 고향을 떠난 피난민 처지가 되었다.[7]

우크라이나는 러시아의 침공에 대응해 계엄령과 18~60세의 모든 남성에 대한 '일반 동원령'을 발동했고, 이들은 가족과 함께 우크라이나를 떠날 수 없게 되었다. 또한 우크라이나 정부는 (자유당과 다른 극우 정당을 제외한) 11개 야권 정당의 정치활동을 금지했고, 러시아와 마찬가지로 국영 매체를 통한 "통일된 정보 정책"을 실시하기 위해 모든 민영 텔레비전 채널을 폐쇄했다.

전쟁 초기에는 이 전쟁이 오래가지 않을 것이라는 조짐이 있었다. 일부는 러시아가 빠르게 우크라이나를 정복하고 친러시아 정부를 수립할 것이라고 예측했으나 우크라이나군의 격렬한 저항으로 그러한 일은 일어나지 않았다.

언론은 이러한 저항을 전투 경험은 없지만 열성적인 병사들이 순전히 민족주의적 열성을 발산한 결과로만 묘사했다. 그러나 지난 8년간 미국과 나토가 매년 최소 1만 명이 참여하는 각종 군사 강습과 훈련, 군사 연습으로 정예 병력을 양산해왔다는 사실은 언급하지 않는다. 나토와 회원국들은 우크라이나군이 러시아와의 전쟁에 대비할 수 있게 도와왔고, 돈바스에서의 갈등을 이를 위한 시험장으로 사용했다.

또한 나토는 정기적인 군사 연습을 통해 우크라이나 해

군을 훈련시켰다. 예를 들면 2021년 7월 나토와 우크라이나는 흑해에서 해풍 훈련Operation Sea Breeze을 실시했고, 이 대형 군사 연습에는 호주까지 포함한 총 32개국이 참여했다. 당시 러시아는 이 연습에 대해 나토와 미국이 흑해를 군사적 벼랑 끝 전술로 밀어 넣으려는 시도의 일환인 "도발적인 무력 과시 게임"이라고 지적했다.

이 훈련은 우크라이나의 방위에 도움을 주었지만, 이는 동시에 전투가 양 진영 모두에 격렬하며 치명적일 것이라는 의미이기도 했다. 러시아와 우크라이나 모두 자신의 군 사상자 현황은 과소 보고하고 상대방에 대해서는 과장하는 상황이지만, 2022년 7월 말까지 최소 우크라이나 병사 1만 명, 러시아 병사 4238명, 돈바스의 두 인민공화국 병사 2734명이 사망한 것으로 보고되었다.

민간인 사망자 수는 아마도 더 많겠지만, 추산하기는 오히려 더욱 어렵다. 유엔은 2022년 7월 3일까지 4889명의 민간인 사망자를 확인했다. 그러나 마리우폴을 탈출한 정부 관료들에 따르면 마리우폴에서만 2만 2000명의 사망자가 발생한 것으로 추정되어, 우크라이나 전체의 미확인 사망자는 총 2만 8057명이다. 한편 유엔은 매일 최소 2명의 아동이 사망하고 있으며 훨씬 많은 아동이 다치고 있다고도 보고했다.

제2차 세계대전 이래로 현대전쟁에서 명시적으로 민간인을 보호하기 위해 1949년 채택한 제네바 제4협약Fourth Geneva Convention*에도 불구하고 거의 항상 전투원보다는 민간인 사망

자가 더 발생했다. 21세기에 미국이 치른 전쟁들도 그 예외가
아니었고, 러시아의 전쟁 역시 예외가 아니었다.

그럼에도 불구하고 실현 가능한 휴전과 정치적 해결에 대
한 고무적 징후들이 보였다. 러시아와 우크라이나 대표단이
전쟁이 시작된 지 4일 뒤인 2022년 2월 28일 벨라루스와 우
크라이나 국경에서 휴전과 평화협정을 교섭하기 위해 만났고,
이후 3월 3일과 7일에도 만남이 이어졌다.

3월 10일에는 튀르키예의 도시 안탈리아에서 메블뤼트
차우쇼을루Mevlüt Çavuşoğlu 튀르키예 외무장관의 중재로 러시아
와 우크라이나의 외무장관들이 만났다. 이 협상은 이스라엘이
추가 중재국으로 참여하며 3월 14일부터 17일까지 화상회의
를 통해 이어졌고, 그 결과 젤렌스키가 이전의 제출안보다 "더
현실적"이라고 칭한 15개 항의 평화안이 도출되었다.

주요 항목은 휴전과 러시아의 철수에 관한 것들이었고,
우크라이나가 오스트리아와 유사한 형태의 중립국 지위를 채
택하는 내용이었다. 관련국으로부터의 새로운 안전보장을 통
해 우크라이나는 향후 나토 가입에 대한 어떠한 계획도 포기
하며 외국 무기와 군사 기지를 배치하지 않는다는 내용이 포
함되었다. 또한 우크라이나에서 러시아어의 공용어 지위를 인

---

* 정식 명칭은 '전시에 있어서의 민간인의 보호에 관한 제네바협약Geneva
Convention Relative to the Protection of Civilian Persons in Time of War'으로, 부상자, 전쟁
포로 등에 관한 나머지 3개 협약과 함께 전쟁에서의 인도적 대우에 관한 기준
을 정립한 국제 협약이다.

정하는 내용도 포함했다.

러시아에 쟁점이 된 사항은 안전보장의 성격에 대한 부분과 어떤 국가들이 안전보장을 제공할 수 있는지, 그리고 돈바스의 두 인민공화국과 크림반도의 미래가 장차 어떻게 결정될지에 대한 세부 사항 등이었다.

3월 27일 젤렌스키 대통령은 전 국민 텔레비전 연설을 통해 "우리의 목표는 분명합니다. 가능한 한 빠르게 우리 조국에 평화와 일상 회복을 가져오는 것입니다"라고 했다. 그는 또한 교섭의 '한계선'을 공식적으로 천명하며 자신이 그렇게 많이 양보하지 않을 것이라고 국민을 안심시켰고, 중립화 협정에 대해서는 협정이 발효되기 이전에 주민투표를 실시하겠다고 약속했다.

그러나 협상을 둘러싼 국제적 반응이 점점 적대적으로 변했다. 서방의 정치인들과 주류 언론들은 부차와 마리우폴에서 자행된 러시아의 중대한 전쟁범죄 의혹을 확산시켰다. 바이든 대통령은 푸틴이 "계속 권좌를 지켜서는 안 된다"라는 발언으로, 미국의 전쟁 목표가 단순히 우크라이나의 방어를 지원하는 데서 러시아의 체제 교체 정책으로 차츰 변화하고 있음을 암시하며 적대적 분위기를 더욱 부채질했다.

우크라이나가 보여준 예상 밖의 저항도 서방 정상들의 셈법을 바꿔놓았다. 우크라이나인들과 동맹 세력 모두 실제 그 의미가 무엇이든, 단순히 전쟁에서 버티는 것이 아니라 '승리'를 생각하기 시작했다.

4월 9일 보리스 존슨Boris Johnson 영국 총리가 키이우를 깜짝 방문했을 때, 우크라이나 언론은 그가 젤렌스키에게 러시아와의 협상을 중단하고 군사적으로 러시아를 굴복시키는 데 집중하라고 요청했으며, 영국은 "장기전을 준비하고 있다"라며 젤렌스키를 안심시켰다고 보도했다. 또한《우크라인스카 프라우다Ukrayinska Pravda》*에 인용된 젤렌스키의 수석 보좌관들의 말에 따르면 존슨 총리는 젤렌스키에게 우크라이나와 러시아 사이에 어떤 협정을 맺더라도 당사국으로 참여하지 않을 것이며 "서방 연합the collective West"은 푸틴을 "압박할" 기회를 보았고 여기서 최대한을 얻어낼 것이라고 언급했다.[8]

튀르키예 외교관들은 영국의 퇴직 외교관인 크레이그 머리Craig Murray에게 오스틴 미 국방장관도 4월 25일 젤렌스키와의 회담에서 같은 메시지를 강조했으며 미국과 영국 지도자들의 이러한 메시지가 협상을 통해 평화를 중재하고자 했던 튀르키예의 노력을 물거품으로 만들었다고 전했다.

분쟁 해결 연구자들에 따르면 전쟁을 끝내기 위한 평화협상의 가능성이 가장 높은 것은 처음 한 달이며, 그 이후 가능성은 점점 줄어든다. 또한 전쟁이 1년 이상 지속될 경우, 그 전쟁이 10년 이상 이어질 확률은 그렇지 않을 확률보다 높다.[9]

그러한 기준에서 보자면, 우크라이나에서의 재앙적인 장

---

*　쿠치마 당시 우크라이나 대통령에 의해 암살된 언론인 헤오르히 곤가제(1장 참조)가 2000년 창간한 우크라이나 온라인 신문.

기전을 피할 수 있었던 가장 적기는 초기 평화협상 시기였으나 그 가능성은 러시아의 군사적 약점을 이용하려는 우크라이나와 서방의 정치 지도자들에 의해 사라져버렸다.

전쟁 초기의 두 단계

러시아의 최초 공세는 러시아가 우크라이나를 침공하는 목적으로 내세웠던 돈바스를 둘러싼 우크라이나 동부가 아니라 북부와 남부를 향했다. 탱크와 군사 장비를 갖춘 러시아의 대규모 부대가 여러 경로를 통해 수도인 키이우로 이동했으나 강한 저항을 맞닥뜨려 키이우를 장악하는 데 실패했고 5주 후에 퇴각했다.

통상 서방의 분석가들은 러시아가 빠르게 키이우를 점령해 우크라이나의 중립화에 동의하고, 크림반도와 도네츠크 및 루한스크의 상실, 어쩌면 추가적인 영토 상실에 대해서도 동의할 만한 친러 정부를 수립할 계획을 세웠을 것이라는 데 의견을 같이한다.

러시아는 2차 북부 공세에서 역사적으로 계속 러시아 영토였으므로 러시아가 병합하기를 원했을 가능성이 높은 하르키우를 점령하는 데도 실패했다. 서방 지도자들과 논평가들은 러시아가 키이우나 하르키우를 점령하는 데 실패함으로써 전쟁 계획에 심각한 타격을 받았을 것으로 보았고, 그것을 러시아 군사력의 한계를 보여주는 의외의 지표로 인식했다. 사실 이렇게 안 좋은 결과를 초래할 것을 알았다면 러시아가 병력과 장비의 심각한 손실을 감수하며 키이우로의 공세를 펼치지는 않았을 것으로 보이긴 한다.

그러나 만약 북부 공세가 성공했더라면 러시아에 아주 매력적인 결과를 가져왔을 것이기 때문에 그러한 가능성을 고려한 계산된 도박이었을 수도 있다. 사실 러시아는 우크라이나군의 대다수를 북부에 묶어두며, 러시아의 남부 공세를 통해 우크라이나에 닿아 있는 흑해와 아조프해의 해안 일대를 성공적으로 점령해 크림반도와 돈바스 지역 사이의 '육로'를 점령하는 데 성공했다.

전쟁의 최초 단계에서 가장 파괴적인 러시아의 공습은 동남부 도시 마리우폴 포위 작전이었는데, 마리우폴은 신나치 세력과의 연관성으로 인해 침공의 주요 명분이 되었던 아조우 연대가 거점으로 삼았던 곳이다. 82일간 이어진 포위 기간 동안 마리우폴 주민들은 수 주간 전기가 차단되고, 음식과 깨끗한 식수에 대한 접근이 거의 차단된 상태에서 지냈고, 우크라이나 정부와 국제적십자위원회International Committee of the Red Cross 가 절박한 상태의 민간인을 피난시키기 위해 호송팀을 구성하는 것을 전 세계가 지켜보았다.

시내가 함락된 이후 아조우 연대와 제36해병여단은 아조우스탈Azovstal 제철소에서 최후의 항전에 돌입했고 마지막 2439명의 생존자들이 도네츠크 인민공화국과 러시아군에 투항하기 전까지 제철소에서 버텼다.

러시아의 마리우폴 점령은 크림반도와 도네츠크를 연결하는 전체 육로를 점령했다는 의미였다. 드넓은 드니프로강 하구의 삼각지가 러시아가 점령한 지역의 새로운 북측 경계선이 되었고, 결과적으로 우크라이나 정부가 통제하는 흑해 연안 지역은 오데사 주변의 200킬로미터밖에 남지 않게 되었다.

러시아 침공의 첫 번째 단계는 큰 인적·물적 피해를 남겼다. 국제앰네스티Amnesty International는 러시아가 자행한 의도적인 민간인 살상과 강간, 고문, 전쟁포로의 비인도적 대우를 비난했으며, 러시아군이 민간인 거주 지역에서 집속탄*과 같은 무차별적 무기들을 사용했음을 밝혔다.

한편 러시아군이 4월 초 우크라이나 북부에서 철수한 이후 러시아는 2015년 2월 2차 민스크 휴전협정 이전 우크라이나군이 두 인민공화국으로부터 탈환했던 루한스크주와 도네츠크주의 일부 지역들을 '해방'시키기 위한 전쟁의 두 번째 단계를 시작했다.

5월 말 루한스크 인민공화국과 러시아의 군대는 루한스

---

* 집속탄이란 하나의 모탄母彈 안에 소형 포탄인 여러 개의 자탄子彈을 탑재한 폭탄이다. 주로 공중에서 투하하는데 목표 지점 근처에서 모탄이 터지며 수백 개의 자탄이 쏟아져 나와 주변에 광범위한 피해를 준다. '강철비'라는 별명처럼 하늘에서 지뢰를 뿌리는 것과 같은 효과가 있는 대표적인 비인도적 무기다. 무차별 공격이라는 집속탄의 특성과 불발탄 문제로 인해 민간인에 대한 집속탄 사용은 전쟁범죄로 간주된다.

크주의 대부분을 수복했다. 러시아군은 우크라이나군이 돈바스 휴전선 밖에서 조성했던 거미줄 같은 광범위한 콘크리트 참호와 방어 시설을 파괴하기 위해 중화기 공격에 의존했는데, 이것이 많은 사상자를 냈다. 러시아가 도네츠크주에 남은 우크라이나 정부 통제하의 지역들을 목표로 삼았을 당시, 러시아의 확전우위는 어느 때보다 분명했던 것 같고, 젤렌스키 대통령은 6월 초 러시아가 우크라이나 영토의 20퍼센트를 점령했다고 밝혔다.

그러나 루한스크주와 도네츠크주를 넘어 러시아의 목표가 정확히 어디까지였는지는 불분명했기 때문에, 전 세계의 많은 사람들에게 오히려 지금이야말로 전쟁의 잔해 속에서 외교력을 복원해낼 적기라는 희망을 주었다.

미국과 나토의 대응

전쟁의 흐름이 바뀜에 따라 미국과 나토 동맹국들의 반응도 달라졌다. 러시아의 침공 직후 미국은 3억 5000만 달러의 군사 지원을 단행했고, 3월 12일에는 2억 달러에 이르는 지원과 4월 말에는 각 8억 달러 규모의 3개 지원 법안을 통해 우크라이나에 대규모 군사 지원을 허가했다. 5월 6일 통과한 3억 5000만 달러 규모의 지원 법안을 포함, 침공 이후부터 당시까지 미국의 우크라이나군 지원 규모는 총 37억 달러에 달했다.

러시아의 침공 이후 2022년 말까지 미 의회는 우크라이나에 670억 달러의 군사 지원과 460억 달러의 기타 지원을 승인했다. 2023년 1월까지 미국이 우크라이나에 공여한 무기는 아래와 같다.

스팅어Stinger 대공 미사일 최소 1600기

재블린Javelin 대전차 미사일 최소 8500기

토우Tube-launched, Optically-tracked, Wire/Wireless guided, TOW 대전차 미사일 2590기

기타 대전차 무기 및 장비 5만 기

스위치블레이드Switchblade 드론 700기

피닉스 고스트Phoenix Ghost 드론 1800기

스캔이글ScanEagle 드론 15기

푸마Puma 드론

하이마스HIgh Mobility Artillery Rocket System, HIMARS 로켓 발사기 및 로켓 38기

하푼Harpoon 대함 미사일 시스템 2기

미사일이 장착된 패트리어트 방공 포대 1기

나삼스Norwegian Advanced Surface-to-Air Missile System, NASAMS 대공 미사일 시스템 8기

어벤저Avenger 대공 미사일 시스템 12기

함High-speed Anti-Radiation Missile, HARM 대레이더 미사일 시스템

155mm 곡사포 160문 및 포탄 100만 발

105㎜ 곡사포 72문 및 포탄 37만 발

전차 포탄 10만 발 및 기타 포탄 60만 발

그라드GRAD 로켓 5만 발

견인, 복구 및 지원 차량 382대

120㎜, 82㎜, 60㎜ 박격포 50문 및 포탄 16만 6000발 이상

M-17 헬리콥터 20대

에이브럼스Abrams 탱크 31대

T-72B 전차 45대

브래들리Bradley 보병 전투 차량 109대

스트라이커Stryker 병력 수송 장갑차 90대

M113 및 M1117 장갑차 550대

지뢰 및 매복 방호Mine Resistant Ambush Protected Vehicle, MRAP 장갑차
580대

다목적 전술 차량 험비HMMWV(Humvee) 1700대 이상

의료용 장갑차 100대

다목적 장갑차 6대 및 소형 전술 차량 100대

해군 초계정 58척

해상 드론

유탄 발사기, 기관총 및 소형 무기 1만 3000정

탄창 1억 1100만 개

M18A1 클레이모어Claymore 대인 지뢰

레이더 시스템 84개 이상

영국과 다른 나토 회원국들 역시 무기와 장비를 제공했고, 우크라이나에 홍수처럼 쏟아진 무기들은 분명 우크라이나가 러시아군에 맞서는 데 일정한 역할을 했다.

주식 시장의 대다수 회사들이 전쟁의 슬럼프에 빠져 있는 와중에도 록히드 마틴, 레이시언, 제너럴 다이내믹스General Dynamics, 노스롭 그루먼과 같은 미국의 대형 무기 제조사들의 주식 가격은 모두 급등했다.

러시아의 침공 직전, 제임스 테이클릿James Taiclet 록히드 마틴 최고경영자는 주주들에게 우크라이나 분쟁을 통해 군사 예산이 팽창할 것이고 그로 인해 회사의 판매량이 증가할 것이라고 언급했다. 레이시언의 최고경영자 그레그 헤이스Greg Hayes는 투자자들에게 전쟁이 새로운 해외 판매 기회를 가져다 줄 것이라며, "이로 인해 상당한 이익을 달성할 수 있을 것이라 확신한다"라고 했다.

예상대로 레이시언은 미 국방부로부터 생산 중단 예정이었던 스팅어 대공 미사일 주문으로 3억 4000만 달러를 벌어들였다. 기당 17만 6000달러인 재블린 대전차 미사일 수천 기가 우크라이나로 지원된 이후 레이시언과 록히드 마틴 모두 재블린 미사일의 생산을 대폭 늘렸다.

독일은 자국의 무기 체계에 1000억 유로를 투자하겠다고 발표했는데, 이 계획에는 원래 독일이 구매하려고 했던 더 저렴한 F-18 대신 핵탄두 탑재가 가능한 F-35 수십 대가 포함된다. 이는 나토의 핵 공격 능력에 독일의 역할이 갑자기 더욱 중요해졌다는 것을 시사한다.

나토 국가들은 단순히 우크라이나에 무기를 제공해주는 것이 아니라 우크라이나 밖에서 여전히 우크라이나군을 훈련시키고 있으며 러시아 작전에 대한 실시간 군사 정보를 제공해주고 있다. 5월 2일 《뉴욕타임스》의 기사는 우크라이나군이 사살한 러시아 장성 중 4~8명으로 추정되는 인물들의 위치를 특정하는 데 미국이 제공한 첩보가 도움이 되었다고 주장했다.[10]

이후 러시아 해군 흑해 함대의 기함flagship이자 유도 미사일 탑재 순양함인 모스크바함을 우크라이나군이 침몰시키는 데 미국의 첩보가 기여했다는 보도가 있었다. 우크라이나제 넵튠 순항 미사일 두 발에 피격된 모스크바함은 화재로 인해 흑해의 바다로 침몰했고, 관련 보고들은 크게 차이가 나는데 많게는 선원 245명부터 적게는 28명까지 사망한 것으로 보인다.

이전에 미국 정부는 확전을 도발할 수 있다는 우려 때문에 우크라이나와의 정보 공유를 비밀에 부치려 했다. 하지만 이번에는 러시아군의 주요 인사를 암살하고 러시아 기함을 침몰시키는 등의 실시간 전장 정보를 공개하고 그것을 언론을 통해 과시하면서, 미국과 나토는 더더욱 갈등에 깊이 개입하게 되는 위험을 안게 되었다.

공식적으로 바이든 대통령은 미군과 나토 군대가 러시아군을 격퇴하기 위해 우크라이나에 배치될 가능성을 배제했고,

직접적인 미군의 개입은 제3차 세계대전으로 이어질 것이라고 미국 대중에게 반복해서 경고했다.

그러나 서방이 '더 많은 것을 해야 한다'는 요구가 점점 커졌다. 우크라이나군은 키이우와 하르키우 등지에서 러시아군과 백중세로 싸우며 강한 저항의지를 보여주었고 이로 인해 우크라이나 내에서뿐만 아니라 서방의 시민과 언론에도 승리한다는 믿음이 점화되었다.

하지만 민간인 피해 규모는 끔찍했다. 전쟁 개시 한 달이 지나며 서구의 대중은 사망한 민간인과 폐허가 된 아파트 건물들, 러시아의 폭격으로 파괴된 민간 기반 시설과 같은 가슴 아픈 장면들을 보게 되었고, 미국과 나토가 '비행 금지 구역no-fly zone'*이나 다른 형태로 더 깊이 개입해야 한다는 요구가 점점 강해졌다. 젤렌스키 대통령은 서방의 정치인들에게 우크라이나의 "하늘길을 막아야" 한다고 호소했다.

---

* 　비행 금지 구역이란 특정 국가 항공기의 비행이 허용되지 않는 구역을 설정하는 일종의 비무장지대로, 분쟁 상황에서 이 구역에 진입하는 전투기, 수송기, 정찰용 비행기 등은 격추 대상이 된다. 젤렌스키 대통령은 전쟁 초기인 2022년 3월부터 미국과 나토에 러시아 공군력을 저지하기 위해 우크라이나 상공에 비행 금지 구역으로 설정해달라고 요청해왔으나, 나토가 우크라이나 상공에 비행 금지 구역을 설정하게 될 경우 나토 군사력으로 직접 러시아 공군기를 격추해야 하고, 그럴 경우 지금과 같은 대리전이 아니라 나토·미국과 러시아 군사력이 직접적으로 충돌하는 전면전이 발생할 가능성이 높기 때문에 나토와 미국 모두 이 제안을 거절해왔다. 우크라이나에 비행 금지 구역이 설정되는 순간 핵무기 사용이 동반된 제3차 세계대전을 피하기 어렵다는 것은 평화 활동가뿐만 아니라 미국 정부와 보수 정치인 모두 동의하는 바다.

한편 이 전쟁이 러시아의 기대처럼 흘러가지 않고, 예상과 달리 러시아가 군사적 주도권을 잡지 못하고 있다는 인식과 함께 대중이 전쟁의 실상을 목격하게 되면서 러시아의 알려진 약점을 공략하고 우크라이나에 전쟁범죄를 저지른 푸틴을 처벌하기 위해 '무언가라도 해야 한다'는 거의 히스테리에 가까운 요구가 끓어올랐다.

그러나 20여 년간 미국과 그 동맹국들의 전쟁은 최소 10개국에 걸쳐 광범위한 인적·물적 피해를 초래했고, 이는 러시아가 우크라이나에서 현재까지 자행한 것을 훨씬 능가한다. 하지만 미 국방부는 과거 베트남 전쟁을 통해 텔레비전 전쟁보도에 관한 중대한 교훈을 얻은 바 있기 때문에 이제 실제 전쟁 장면은 화면에 노출되지 않는다. 이런 세련된 정보전으로 최근 미국이 개입한 전쟁의 추악한 현실은 숨겨졌고, 민간인들의 희생은 안타까운 '부수적 피해' 정도로 묘사되었으며, 서구의 대중에게 전쟁의 참상은 가려졌다.

이제는 러시아가 침략자이므로 서방의 정보전 기구들은 민간 건물을 타격한 모든 러시아의 포격은 민간인을 노린 고의적인 공격으로, 러시아의 전쟁은 집단학살로 그려내고 있다. 이러한 시도는 평화협상의 기회를 침식시키고 전쟁이 확장될 위험을 증가시키는 전쟁 광기와 확전의 압박에 기름을 부었다.

《뉴스위크Newsweek》는 3월 22일 서방의 과장된 선전전으로 끓어오른 확전 요구를 진정시키기 위해 놀랍게도 미 국방부가 승인한 기사를 보도했다. 해당 기사는 《워싱턴포스트 Washington Post》의 국방부 취재기자였던 윌리엄 아킨William Arkin이 작성한 것으로 미 국방부 산하 정보 기구인 국방정보국Defense Intelligence Agency, DIA이 인준해 내보낸 정보를 근거로 쓰였다."

기사는 러시아의 전쟁 계획이 미국 스타일의 공중전이 아니라 특수하고 제한적인 방식으로만 공군력을 사용하고 있다는 점을 설명했다. 즉, 약 80퍼센트는 지상군에 대한 근접 공중 지원을 하는 데 쓰이고, 20퍼센트는 폴란드 국경에서 넘어오는 서방의 지원 무기가 전선에 도달하기 전에 이를 무력화하는 목적 등으로 무기고와 군사 기반 시설에 대한 장거리 미사일 공격을 수행하는 데 쓰인다는 것이다.

미 국방정보국은 아킨에게 서방의 뉴스를 통해 만들어진 이미지에도 불구하고 러시아군이 공습과 폭격을 통해 의도적으로 민간인을 목표물로 삼고 있다는 증거를 전혀 확인하지 못했다고 언급했다. 이들은 또한 인구 280만의 도시 키이우에서 55개의 건물만이 피해를 입었으며 민간인은 222명만이 사망했다고 강조했다.

미 국방정보국 장교 한 명은 아킨에게 다음과 같이 말했다. "러시아가 계획적으로 민간인을 노리고 있고, 도시를 파괴하며 푸틴은 이를 신경 쓰지 않는다는 식의 현재 내러티브가 당혹스럽다. 그러한 왜곡된 관점은 진짜 재앙이 닥치거나 다른 유럽 국가로 전쟁이 확산되기 전에 전쟁을 종결시키는 길을 막는다."

물론 제네바 제4협약은 살해가 고의적인지 비의도적인지, 혹은 단순히 민간인 거주 지역에서 폭발성 전쟁 무기 사용으로 인한 불가피하고 예측 가능한 결과였는지와 상관없이 민간인을 "피보호자protected persons"로 정의하고 있으므로,* 이로 인해 수천 명의 민간인을 살해한 러시아의 혐의가 면제되지는 않는다.

서방의 전략을 다시 생각한다

4월에 영국의 존슨 총리와 미국의 오스틴 국방부 장관이 젤렌스키 대통령에게 '장기전으로' 싸우라는 의사를 전달한 이후인 5월 미 의회는 장기전을 위해 400억 달러라는 거대한 규모의 우크라이나 군사 및 경제 지원 법안을 통과시켰다. 공화당 상원의원 11명과 하원의원 57명은 이 법안에 반대한 반면, 버니 샌더스Bernie Sanders 상원의원과 가장 진보적인 일부 민주당 하원의원들을 포함해 민주당의 그 어떤 의원도 이 법안을 반대하지 않았다.

미국 전략국제연구센터Center For Strategic and International Studies, CSIS의 분석에 따르면, 이 지원 법안에 포함된 190억 규모의 군

---

* 협약 '제3편 피보호자의 지위 및 대우'를 통해 확인되고, 협약의 제1의정서(1977)의 '제4절 예방조치'의 '제57조 공격에 있어서의 예방조치' 및 '제58조 공격의 영향에 대한 예방조치' 등을 통해 확인 가능하다.

사 지원으로 인해 2022년 4월에는 하루 평균 1억 달러 규모였던 무기 공급 규모가 하루 평균 1억 3500만 달러 규모로 증가하게 될 것이고 지원금 중 일부는 2031년까지도 계속될 것이라고 추산했다.[12]

러시아가 느리지만 확실하게 우크라이나군을 돈바스에서 몰아내는 동시에 수천 명의 우크라이나군을 사살, 부상, 생포하면서, 전황에 대한 서방의 정보 평가와 그에 따른 서방 정상들의 정치적 수사가 바뀌기 시작했다.

프랑스 대통령 에마뉘엘 마크롱Emmanuel Macron은 5월 9일 유럽의회European Parliament에서 우크라이나 위기에 관한 연설을 통해 "우리는 러시아와 전쟁 중인 것이 아니다"라고 했고, 유럽의 의무는 "휴전을 이루고 평화를 건설하기 위해 우크라이나와 함께하는 것"이라고 언급했다.

독일 총리 올라프 숄츠Olaf Scholz는 5월 13일 푸틴과 통화한 후 트위터Twitter를 통해 자신은 푸틴에게 "최대한 빨리 우크라이나에서의 휴전이 필요하다"라고 말했다고 밝혔다.

이탈리아 총리 마리오 드라기Mario Draghi 이탈리아 총리는 워싱턴에서 바이든과 회담을 진행한 이후 기자들에게 다음과 같이 밝혔다. "사람들은 …… 휴전을 달성하고 신뢰할 수 있는 협상을 시작할 수 있다는 가능성을 보여주길 원한다. 그것이 현재 상황이다. 우리는 이 문제를 어떻게 해결할지 더 심각하게 숙고해야 한다고 생각한다."

이 시점에서 미국의 고위 관료들은 즉각적인 평화협상 구상에 찬물을 끼얹었고, 젤렌스키 대통령도 여전히 미국, 영국과 보조를 맞추고 있는 것으로 보였다.

그러나 5월 19일 미 의회가 400억 달러의 우크라이나 지원 법안을 통과시켰을 때 《뉴욕타임스》 편집국은 〈복잡해지는 우크라이나 전쟁과 준비되지 않은 미국〉이라는 사설을 싣는다.[13]

이 사설은 승리한다는 믿음에 도취된 바이든 대통령 및 바이든 행정부의 태도와 논쟁적인 레토릭을 다소 암시적인 방식을 통해 비판적으로 질문했다.

"예를 들면, 미국은 자주적인 우크라이나로 이어질 수도 있는 조정 절차를 통해, 미국과 러시아 사이의 일정한 교섭으로 이 분쟁을 끝내기 위해 노력하는가? 그게 아니라면 미국은 영구적으로 러시아를 약화시키는 것이 목표인가? 바이든 행정부의 목표는 푸틴 정권을 불안정하게 만들어 그를 제거하는 것으로 변경된 것인가? 미국의 목표는 푸틴을 전쟁범죄자로서 책임을 지게 하려는 데 있는가, 아니면 더 큰 전쟁을 피하는 데 있는가? 그 목표가 후자에 있다면, 미국의 정보력으로 러시아 장성들이 살해되고 러시아 전함이 침몰한 것을 시끄럽게 떠들어대는 것이 어떻게 그 목표를 달성하는 방법일 수 있는가?"

그러면서 이 사설은 명시적으로 비현실적인 기대를 낮추기 위해 다음과 같이 제안한다. "러시아가 2014년 이후 점령한 모든 영토를 우크라이나가 수복하는 방식의 명백한 군사적 승리는 현실적인 목표가 될 수 없다. …… 비현실적인 기대는 [미국과 나토를] 이미 비싼 대가를 치르며 장기간 이어지고 있는 전쟁의 수렁으로 더 깊이 빠트릴 수 있다."

또한 우크라이나인들이야말로 "전투에 임하고, 목숨을 잃고, 고향을 잃는" 당사자이기 때문에, "결국은 우크라이나인들이 어려운 결정을 내려야만 한다". 진짜 협상에서는 "우크라이나가 감내할 수 있는 피해의 정도가 얼마나 되는지에 대한 …… 현실적인 평가"에 기초해 "영토에 대한 고통스러운 결정"을 내려야 할 것이다.

분명 모든 면에서 현실적인 평가가 필요해졌다. 특히 매일 수백 명의 우크라이나인들이 죽고 있는 상황에서 천천히 우크라이나를 파괴하지만 종국에는 협상 테이블에서 끝내야만 하는 이 전쟁에 기름을 붓고 휴전을 지연시킴으로써 서방 국가들이 무엇을 얻을 수 있는지를 재평가하는 것은 그들 자신에게 점점 중요해졌다.

4 장

나토: 신화와 현실

러시아의 우크라이나 침공에 대한 가장 비극적인 아이러니는 끊임없는 확장과 적대적인 행동으로 우크라이나 갈등의 근원을 제공한 나토라는 기구를 결과적으로 더 강화시켰다는 것이다.

서방의 주류 언론은 나토가 방어를 위한 동맹이자 러시아에 어떠한 위협도 가하지 않는, 세계의 평화와 안정을 위한 세력이라고 넌더리 날 정도로 반복해서 표현해왔다. 이들은 우크라이나 사태에서 나토의 확장은 러시아의 핑계일 뿐이라고 강변해왔다. 우크라이나는 부패 문제의 대책을 제시하거나 국경지대에서 진행 중인 분쟁을 해결하지 않은 상태에서 경제적·사법적 차원의 주요 개혁 없이 우선적으로 나토에 가입할 수 없었으므로, 푸틴은 단순히 우크라이나를 지배하고자 하는 자신의 제국주의적 구상에 나토를 이용하고 있을 뿐이라는 것이다.

그러나 우리는 여기에 동의하지 않는다. 우리는 만약 러시아 국경으로 이어진 나토의 확장과 적대의 역사가 없었다면 러시아가 우크라이나를 침공하지 않았을 것이라고 생각한다.

미국과 캐나다, 그리고 서유럽 10개국은 1949년 나토라는 군사동맹을 결성한다. 소련의 지원을 받는 공산주의 세력을 봉쇄하고 소련과 동유럽 동맹국들에 의한 서유럽 침략을 저지하기 위해 뭉친 것이다.

나토는 명목상으로 전쟁을 저지한다는 목적에도 불구하고 냉전이 끝난 이후에는 자신들이 개입했던 세르비아와 아프가니스탄, 리비아에서 혼란과 고통만을 남겼고, 미국과 비교해서도 공격적, 적대적으로 군사력을 사용하려는 유혹을 물리칠 통제력이 없음을 보여줬다.

나토는 핵무기 동맹이기도 하다. 독일, 이탈리아, 네덜란드, 벨기에, 튀르키예 등 유럽의 5개 나토 동맹국에 미국의 핵무기가 배치되어 있고, 영국과 프랑스는 자신들의 핵무기를 보유하고 있다. 폴란드와 루마니아에 배치된 미국의 '미사일 방어missile defense, MD' 체계는 선제공격용 핵미사일로 전환될 수 있고, 특히 폴란드 기지와 러시아 국경의 거리는 불과 160킬로미터 정도에 불과하다.

나토는 자신들의 핵무기와 불법적인 전쟁 도발, 그리고 논란의 여지가 많은 확장 정책으로 인해 러시아와 주변 나토 미가입 국가들에서 조성된 분명하고 정당한 안보 위협을 공론화하는 대신에 승리감과 자축의 에코 체임버echo chamber* 속에서 길을 잃은 상태로 남아 있다. 그리고 나토는 자신들로 인해 어떤 지역이 불안정해진 문제를 인정하고 해결할 의지가 없다. 결과적으로 자신의 실패를 통해 배우거나 정책의 방향을 재설정하는 데 실패했다.

나토 헌장의 핵심은 제5조로, 나토 회원국이 공격당하면 이를 모든 회원국에 대한 공격으로 간주하며 공격당한 동맹국을 지원한다고 밝히며, 이 조항은 공식적으로는 "북대서양 지역의 안보를 복원 및 유지하기 위한" 집단행위로 제한되어 있다.**

미국 입장에서 나토는 유럽과의 교두보이자, 서방 국가들에 미군의 리더십을 행사하는 수단이다. 또한 미국은 나토를 통해 유럽에서뿐만 아니라 글로벌 차원에서 유럽을 미국의 이해관계 속에 묶어둘 수 있었다. 사실 나토 헌장 제5조가 발

---

* 자신이 선호하는 비슷한 성향의 언론이나 사람들과만 소통한 결과 '울림방' 안에 있는 것처럼 기존에 갖고 있던 믿음이 점점 증폭·강화되는 정보 환경을 지칭한다. '반향실反響室 효과'라고도 한다.

동된 것은 미국의 9·11 테러로 인해 미국이 주도한 아프가니스탄 전쟁과 이라크 전쟁에 나토가 참여했던 것이 처음이자 마지막이다.

나토의 만족할 줄 모르는 군사적 욕심으로 인해 미션 크립mission creep***에 빠지기 쉬운 상태가 이어졌고, 나토는 1952년 북대서양에서부터 거의 3200킬로미터가량 떨어진 튀르키예를 회원국으로 초대했을 때부터 대서양 지역을 훨씬 넘어 팽창했다. 튀르키예의 회원국 자격은 튀르키예가 소련의 동맹이 되지 않을 것을 보장해준 동시에 소련에 대한 나토의 포위망을 확대하는 역할도 했다.

그 얼마 후인 1955년 5월 소련과 그 주변의 동유럽 사회주의 공화국 7개국은 자신들의 군사동맹인 바르샤바조약기구

** 나토 헌장 제5조는 다음과 같다. "당사국은 유럽 혹은 북미에서 발생하는 하나 이상의 회원국에 대한 무력 공격이 회원국 전체에 대한 공격으로 간주된다는 데 동의하며, 따라서 그러한 무력 공격이 발생하는 경우 각 회원국은 유엔 헌장 제51조에서 인정된 개별적 혹은 집단적 자위권 행사 차원에서 북대서양 지역의 안보를 복원 및 유지하기 위해 무력의 사용을 포함한 필요하다고 간주되는 행동을 개별적으로 혹은 다른 당사국들과 협력하여 즉시 실행함으로써 당사국을 지원할 것에 합의한다. 이러한 무력 공격과 그 결과 취해진 모든 조치는 즉시 유엔 안전보장이사회에 보고되어야 한다. 또한 이러한 조치는 안전보장이사회가 국제 평화와 안전을 회복하고 유지하기 위해 필요한 조치를 취할 때 종료된다."

*** 하나의 목표를 가지고 군사적으로 개입했다가 그 목표를 달성한 이후 추가적인 목표가 생기며 개입의 정도가 점점 확장되는 현상을 가리킨다. 아프가니스탄에서 탈레반 정권과 알카에다를 축출한다는 목표로 시작한 아프가니스탄 전쟁이 이후 '국가재건nation-building'이라는 명목으로 20년 동안 이어진 사례 등에 자주 쓰인다.

Warsaw Pact를 창설한다. 미국과 소련은 이후 수십 년 이어진 냉전 기간 동안 1962년 쿠바 미사일 위기 당시 세계를 핵전쟁의 벼랑으로 몰아갔던 것처럼 대리전을 통해 경쟁했다. 하지만 두 세력은 인류의 존재 자체를 위협하는 핵무기고를 쌓아 올렸음에도 서로 직접적인 전면전은 피해왔다.

무시당해온 나토 팽창에 대한 경고들

1989년 시작된 동구권의 해체는 근원적인 지정학의 변동을 가져왔다. 역사적인 베를린 장벽 붕괴 이후 동독이 서독과의 통일을 위해 바르샤바조약기구를 탈퇴했고 곧이어 체코슬로바키아와 헝가리, 폴란드 역시 기구를 탈퇴했다. 이후 1991년 소련의 해체와 함께 바르샤바조약기구는 공식적으로 해산한다.

그 시점이 바로 냉전도, 나토의 임무도 끝났다는 것을 나토 역시 인정했어야 하는 순간이었다. 1995년 당시 미 클린턴Bill Clinton 행정부의 국무부 부장관이었던 스트로브 탤벗Strobe Talbott이 밝힌 것처럼 "많은 러시아인에게 나토는 러시아를 직접적인 표적으로 삼은 냉전의 유물이라고 인식된다. 또한 자신들은 '자신들의' 군사동맹인 바르샤바조약기구를 해산시켰다는 점을 짚으며 왜 서방은 동일한 조치를 취하지 않는지 묻는다".[1]

나토는 해산이 아니라 최초에 12개국이었던 회원국의 수를 30개국으로 늘렸고,* 호주, 콜롬비아, 이라크, 일본, 한국, 몽골, 뉴질랜드, 파키스탄과 같은 나라들을 군사적 '국제협력국partners across the globe'으로 참여시키며 명실상부한 글로벌 군사 동맹으로 변신했다.

이러한 변화는 나토가 러시아의 국경 쪽으로 팽창하지 않을 것이라는 약속에도 불구하고 진행되었다. 이러한 약속이 공식 조약으로 명문화되지 않은 것은 사실이지만, 미국 국가안보기록관National Security Archive에서 공개한 미국과 소련, 독일, 영국, 프랑스의 비밀 해제 문서들에는 1990년과 1991년, 독일 통일이 진행되는 동안 당시 서방 지도자들이 미하일 고르바초프 소련 대통령과 다른 소련 관료들에게 이 점을 수차례 보증했다는 사실이 드러난다.[2]

당시 미 국무부 장관 제임스 베이커James Baker가 1990년 2월 고르바초프와의 회동에서 했던 그 유명한 "단 1인치도 동쪽으로 이동하지 않을 것"이라던 약속은 당시의 수많은 약속 중 하나였을 뿐이다. 그러나 그 약속들은 이후에 모두 파기되었다.

---

* 나토 창설 74주년인 2023년 4월 4일 핀란드가 가입 절차를 공식 완료함으로써 현재 나토 회원국은 31개가 되었다. '나토 조약 가입서 수탁국'인 미국의 앤터니 블링컨 국무장관은 이날 "우리가 블라디미르 푸틴 러시아 대통령에게 고마워해야 할 일"이라며 "푸틴이 침공으로 예방하고 싶다고 주장한 것[나토의 확장]을 스스로 촉발시켰다"라고 말했다. 핀란드는 스웨덴과 동시 가입을 추진했으나 스웨덴의 경우 쿠르드족 분리독립 세력에 대한 지원 문제로 튀르키예가 반대해 가입이 지연되고 있다.

1990년 미 국무부가 작성한 전문memorandum에는 동유럽 국가들의 나토 가입 허가는 나토와 미국의 이해관계에 반한다고 조언하는 내용이 나오고, 미국이 소련 국경 주변에서 반소련 연합을 형성하는 것은 "소련에 매우 부정적으로 인식될 것"이라고 경고했던 것을 확인할 수 있다.

그러나 1994년 클린턴 행정부에서 나토의 확장이 바람직한 방향이라는 관점이 나타났다. 당시 클린턴은 나토 가입을 희망하던 동유럽과 중앙유럽 국가의 정부들로부터 압박받고 있었고, 나토의 확장이 미국-유럽 주도의 헤게모니뿐만 아니라 유럽 안보를 강화할 것이라고 생각했다. 게다가 그는 중간선거에서 공화당이 비난할 수 없는 강경 외교정책 노선이 필요하다는 국내적 요인에도 영향을 받고 있었다.

미국 입장에서 나토의 확장은 프랑스와 독일이 유럽연합을 통해, 탈냉전 세계하에서 미국 단극 지배 체제의 균형추가 될 수 있는 진정한 의미의 독립적 경제·외교 세력으로 발전하지 못하도록 막는 하나의 도구였다. 나토의 초대 총재였던 이즈메이 경Lord Ismay은 원래 나토의 목적을 "러시아를 몰아내고, 미국을 끌어들이며, 독일을 약화시키는 것"이라고 정의했다. 이후 세상은 극적으로 바뀌었지만 나토의 목적은 전혀 바뀌지 않았다.

1997년에는 50명의 저명한 외교 전문가들이 클린턴 대통령에게 동쪽으로의 나토 팽창을 "유럽의 안정을 어지럽힐" "역사적 수준"의 정책 오류로 규정하며 당장 멈출 것을 촉구했다.[3] 이들은 또한 러시아가 서방 이웃 국가들에 아무런 위협을 가하지 않고 있으므로 팽창 정책은 불필요할 뿐만 아니라 비싼 대가를 치를 것이라고 경고했다. 그러나 클린턴은 폴란드의 나토 가입을 거부하면 1996년 대선에서 미국 중서부 지역의 폴란드계 미국인 표 상당수를 잃게 될 것을 우려해 나토의 문을 개방하겠다고 이미 약속한 바 있다.

클린턴 행정부의 매파 국무부 장관인 매들린 올브라이트 역시 자신의 회고록에서 보리스 옐친Boris Yeltsin 러시아 대통령과 러시아 국민은 "나토 확장이 자신들의 취약점을 파고들어 유럽의 경계선을 동쪽으로 이동시키고 결과적으로 자신들을 고립시키기 위한 전략이라고 생각했기 때문에 그에 대해 강하게 반대했다"라고 언급했다.[4] 그러나 나토는 자신들의 계획을 밀어붙였고, 1998년에는 과거 바르샤바조약기구 가입국이었던 폴란드, 체코, 헝가리 등 세 나라를 가입시켰다. 그 결과 그때부터 이미 나토는 러시아 국경과 맞닿게 되었으나, 이는 이후 수차례 이어진 나토 가입 물결의 시작일 뿐이었다.

냉전 시기 미국의 봉쇄 정책의 이론적 창시자였던 조지 케넌George Kennan은 1998년 《뉴욕타임스》와의 인터뷰에서 나토의 팽창이 새로운 냉전의 시작이 될 것이라고 경고하며 다음과 같이 말했다. "나는 러시아가 점차 적대적으로 대응할 것이라고 생각하며, 나토의 팽창은 러시아의 정책에도 영향을 줄 것이다. 나토 팽창은 비극적인 정책 실수다. 그렇게 할 이유가 전혀 없다. 지금 누군가를 위협하고 있는 존재는 없다."[5]

가장 선견지명이 있는 경고는 오랫동안 국무부 요직을 두루 거치고 향후 바이든 행정부에서 국가정보국 국장이 된 윌리엄 번스로부터 나왔다. 1995년 모스크바의 미국 대사관에서 정책 자문관으로 있을 당시 번스는 "초기 나토 팽창에 대한 적대감은 러시아 국내 정치 전반에서 광범위하게 감지된다"라고 보고했다.[6]

번스는 폴란드, 체코, 헝가리를 나토에 가입시키려는 클린턴 행정부의 움직임에 대해 잘해야 시기상조이고 최악의 경우 불필요한 도발이라고 평했다. 그에 따르면 "러시아는 자신들의 불만과 열패감에 대해 골몰했고, '등에 비수를 맞았다'는 생각이 차츰 폭풍처럼 강력하게 휘몰아치며 향후 수십 년간 서방과의 관계에 영향을 미칠 흔적을 남겼다".

2004년에는 발트 3국인 에스토니아, 라트비아, 리투아니아를 포함한 동유럽 7개국이 나토에 가입했다. 특히 발트 3국은 과거 소련에 속했을 뿐 아니라 이미 차르 시기 러시아 제국의 일부였다.

지난 사반세기 동안 나토가 추진한 러시아에 대한 도발 정책을 돌아보면, 미국의 정부 관료들이 나토라는 역사상 가장 강력하게 무장한 군사동맹이 점점 더 러시아 국경으로 팽창한다면 결국 정면 대결로 이어질 것이라고 강력하게 경고한 이유가 분명해진다.

푸틴 역시 2007년 3월 뮌헨 안보회의의 외교정책 관련 연설에서 자신의 관점을 분명히 밝힌 바 있다. 그는 "나토는 우리의 국경을 맞대고 최전선 병력을 배치했다"라며, 나토 확장은 "상호 신뢰의 수준을 약화시키는 중대한 도발을 상징하며, 우리는 '이러한 팽창은 누구에게 대항하기 위해 만들어진 것인가?' '바르샤바조약기구의 해체 이후 서방의 협력국들이 보장한 약속은 어떻게 된 것인가?'와 같은 질문을 할 권리가 있다"라며 불만을 표시했다.

나토 확장을 옹호하는 이들은 나토 회원국 지위를 주권 국가가 자유롭게 판단할 수 있는 선택권으로 규정하는 경향이 있다. 어떤 국가가 나토에 속하고 싶어한다면 어째서 그럴 권리가 없어야 하느냐는 것이다. 각국이 나토 가입을 원하는 이유를 이해하는 것은 어렵지 않다. 나토가 미국과 다른 주요 군사 강대국들에 의해 주도되는 배타적 군사동맹으로 존재하는 한 나토가 소국小國들에 제공하는 가상의 안전보장은 무시하기에는 너무 매력적이다.

그러나 이는 강력한 무기와 군대로 러시아를 봉쇄하며 나토가 러시아에 제기하는 위협을 더욱 강화할 뿐이다. 나토에 가입하는 동유럽 국가들 하나하나는 자신들의 원래 의도와 상관없이 러시아에게 위협으로 다가오고, 이로 인해 유럽과 전 세계가 인류 문명을 끝낼 수도 있는 핵전쟁의 위험으로 한 발짝 더 다가가게 된다.

나토, 그 도발의 역사

만약 나토가 진정으로 평화를 유지하고 전쟁을 예방해온 역사를 가졌다면 나토의 성장이 러시아에 그렇게 심각한 위협으로 인식되지 않았을 것이다. 그러나 나토의 역사는 그렇지 않았다.

과거 냉전 시절의 나토와 바르샤바조약기구는 본래 임무에 따라 나름 양심적으로 직접적 대치를 피했다. 당시 소련은 그리스와 튀르키예의 좌익 세력을 구하기 위해 개입하지 않았고, 나토도 소련이 1956년 헝가리를, 1968년 체코슬로바키아를 침공했을 때 군사적 대응을 피했다. 양 진영은 유럽 동서를 가르는 '철의 장막Iron Curtain'이 각자의 세력권을 구분하는 지속적인 경계선이라는 것을 인정했다.

그러나 이 모든 것은 냉전의 종료와 함께 새로운 국면을 맞는다. 나토는 탈냉전 세계에서 새로운 사명과 자신이 존재해야 할 정당화 수단을 찾고 있었기 때문이다.

나토는 1992년 주로 서방의 지원을 받은 민족주의운동 세력의 압박으로 인해 붕괴하던 유고슬라비아에 대한 유엔의 제재를 관철시키기 위해 함대와 전투기를 전개했다. 나토는 그 후 유엔의 승인을 받은 보스니아에 대한 '비행 금지 구역'을 적용시키기 위한 최초의 전투 임무에 착수했다. 1994년 미국 전투기들은 보스니아 세르비아계 전투기 네 대를 격추시켰고, 나토는 1994년과 1995년 수백 차례의 공습을 단행했

다. 이후 나토는 데이턴 평화협정Dayton Peace Accords에 따라 1995
년부터 2004년까지 보스니아에 6만 명의 평화유지군을 파견
했다.*

보스니아 내전에 대한 이러한 군사 개입은 회원국을 향한
공격을 억제하거나 격퇴하기 위한 차원의 순수한 방어적 동
맹에서 공세적 동맹으로 나토를 변화시켰다. 나토는 보스니아
에서 나토 회원국을 공격하거나 위협조차 한 적 없던 반군에
게 군사력을 사용했다. 이후 수십 년간 국제사회에서 보스니
아는 제 기능을 하지 못했고, 가난에 시달리는 병동 같은 곳이
되었다.

유고슬라비아의 붕괴는 더 격렬하고 논쟁의 여지가 많
은 1999년 나토의 군사 개입으로 이어졌다. 나토는 코소보에
서 벌어진 세르비아의 인종청소를 막기 위한 시도라며, 당시
몬테네그로와 (코소보를 포함한) 세르비아만 남은 유고슬라비

---

* 옛 유고슬라비아 사회주의 연방공화국의 해체 및 재편 과정에서 1991년
부터 10여 년간 유고슬라비아 전쟁이 이어졌다. 이 중 지금의 보스니아-헤르
체고비나 지역에서 1992년부터 1995년 말까지 벌어졌던 보스니아 전쟁은 가
장 잔혹한 전쟁이었다. 1991년부터 슬로베니아와 크로아티아가 연방을 탈퇴
했고, 이어서 보스니아 이슬람계(보슈냐크인), 세르비아계, 크로아티아계가 섞
여 있던 보스니아에서 이슬람계와 크로아티아계가 독립을 강행하자 세르비아
계는 보스니아로부터의 분리·독립을 주장하며 내전이 발발했다. 이후 주로 세
르비아계에 의한 이슬람계 인종청소 등 수많은 전쟁범죄가 벌어졌다. 내전으
로 시작해 세 민족과 미국과 나토, 러시아 등이 참전한 국제전으로 발전했고,
1995년 말 데이턴 평화협정에 의해 세 민족이 하나의 연방 안에서 공존하는
불안정한 형태로 종결되었다. 이후 옛 유고 연방의 분쟁은 코소보 전쟁으로 이
어졌다.

아에서 코소보를 독립시키겠다는 목적으로 유엔의 승인 없이 전쟁을 개시했다.

2022년 러시아의 우크라이나 침공과 마찬가지로 나토의 세르비아 폭격과 코소보 침공은 국제법상 명확한 불법이었다. 로빈 쿡Robin Cook 영국 외무장관이 매들린 올브라이트 미 국무 장관에게 유엔 헌장을 위반하는 나토의 계획에 대해 영국은 "이견이 있는 우리나라 변호사들과 갈등을 겪고 있다"라고 하자 올브라이트는 그에게 "변호사들을 새로 뽑으라"라고 말 했다.[7]

나토가 소련의 침공으로부터 서유럽을 지키기 위해 축적 한 군사력이 78일간 세르비아에 쏟아졌고, 2만 3000개의 폭 탄과 미사일을 휘몰아친 결과 수백, 수천 명 가까운 민간인이 사망했다.

코소보 해방군Kosovo Liberation Army의 지도자 하심 사치Hashim Thaçi는 미국 중앙정보국과 나토의 주요 협력자였고, 이후 코 소보 대통령을 지내기도 했는데, 그는 나토의 폭격을 틈타 자 행된 극악한 전쟁범죄에 대해 결국 헤이그의 국제재판소에서 재판을 받았다. 2010년 유럽의회 보고서는 수백 명의 수감자 들을 살해하고 장기를 적출해 국제 장기 밀매 시장에 판매한 그의 책임을 적시하기도 했다.[8]

나토는 '인도적' 사유로 인한 침공으로 정당화했으나 관 련 증거들은 나토의 폭격이 인도적 재앙을 막기보다 오히려 그것을 만들어냈다는 것을 강하게 시사한다.

나토의 폭격은 많은 도로와 철도, 정수 처리 시설과 발전소, 여타 민간 기반 시설 등을 파괴했으며, 세르비아의 수도인 베오그라드의 주요 텔레비전 방송국과 같은 공공건물을 폭격했다. 심지어 당시 미국은 베오그라드의 중국 대사관을 폭격하기도 했다.*

　　나토는 코소보 주민에 대한 인종청소를 막기 위해서는 이러한 수준의 무력 사용은 불가피하다고 주장했으나, 유고슬라비아 정부는 폭격의 직접적인 결과로 코소보에서 대규모 이주가 발생했다고 주장했다. 나토 사무총장과 유고슬라비아 평화회담 중재위원회 의장을 역임한 캐링턴 경Lord Carrington도 나토의 폭격이 인종청소를 막지 못했을 뿐만 아니라 오히려 인종청소의 원인이 되었다고 결론지으며 코소보 사태에 대한 나토의 대응을 규탄한 바 있다.

　　대서양 지역을 넘어서는 일련의 작전들은 2001년 9월 11일 미국에서 발생한 테러 이후 더욱 확대되었다. 나토는 테러 후 24시간도 지나지 않아 나토 역사상 최초로 나토 헌장 제5조를 발동해 아프가니스탄을 군사 점령하는 데 주요한 역할을 담당했다.

　　아프가니스탄에 대한 최초의 침공과 폭격은 미국이 했지만, 2001년 12월 유엔이 지원해서 구성된 국제안보지원

---

* 　나토는 폭격 당시 유고슬라비아의 세 번째로 큰 도시 니시Niš에서 집속탄을 사용하기도 했다. 집속탄 사용은 국제인권법에서 일반적으로 전쟁범죄로 간주된다. 집속탄에 대한 자세한 내용은 이 책 3장 106쪽의 옮긴이주를 볼 것.

군International Security Assistance Force, ISAF은 나토 회원국 군대 주도로 새로운 아프가니스탄군을 훈련시켰다. 나토는 공식적으로 2003년 국제안보지원군의 지휘권을 넘겨받고 2014년 임무가 종료될 때까지 지휘권을 행사했다. 이후에도 나토는 2021년까지 아프가니스탄에 남아 36개국에서 파견한 1만 3000명에서 1만 7000명에 이르는 병력을 지휘했고, 이 중 절반은 미국이 제공한 병력이었다.

20년의 재앙과 같은 아프가니스탄 전쟁으로 수십만 명의 민간인이 사망했고 수백만 명의 난민이 발생했으며 아프가니스탄 기반 시설 대다수가 파괴되었다. 전쟁의 수렁은 2021년 8월 서방 군대의 굴욕적인 패주敗走와 함께 미국이 20년 전 정권에서 몰아냈던 탈레반Taliban 정부가 복귀하며 끝났다.

한편 나토는 2003년 미국과 영국의 이라크 불법 침공을 두고 심각하게 분열했는데, 프랑스와 독일은 강하게 반대를 표했고 덴마크와 폴란드만이 침공에 참여할 특수작전 부대를 파견했다. 그러나 미국이 2004년 이라크 임시 정부를 수립한 이후 나토는 2004년부터 2011년까지 군사훈련 임무를 수행했다.

아프가니스탄에서 그랬던 것처럼 이라크 침공과 점령으로 인해 대대적인 사상자와 난민이 발생했으며, 이어진 대혼돈은 알카에다Al Qaeda를 부활시켰고 이슬람국가Islamic State, IS를 잉태했다. 나토는 2018년 이라크에서 더 이상 환영받지 못하던 미군을 대신해서 새로운 군사훈련 임무를 시작했다.

리비아에서 나토의 역할은 또 다른 재앙이었다. 유엔은 2011년 3월 무아마르 카다피Muammar Gaddafi 정부에 대한 반군의 무장봉기가 벌어지는 동안 민간인을 보호하기 위해 리비아에 대한 비행 금지 구역을 승인했는데, 이후 나토와 아랍 전제군주정 동맹국들은 정식 승인되지 않은 재앙적인 정권 교체 작전을 위해, 비행 금지 구역을 승인한 유엔 안전보장이사회 결의안을 구실로 이용했다.

이들은 비밀리에 리비아를 침공해 수천 발의 폭탄을 투하했고, 이후 카다피를 암살하고 카다피 정권을 축출했다. 그 결과 리비아에서는 최소 10여 년간 내전과 반군의 통치, 불안정과 혼돈이 지속되었고, 이는 지중해의 참담한 난민 위기와 주변국의 골치 아픈 반정부 활동들로 번져 나갔다.

우크라이나에 대한 나토의 약속

우크라이나를 나토에 가입시키려는 계획은 쿠치마 대통령이 우크라이나의 나토 가입을 위한 실행 계획에 서명한 2002년으로 거슬러 올라간다. 그를 이은 유셴코는 2005년 브뤼셀에서 열린 나토 정상회의에 초청받았으나 문제는 2008년 나토 정상회의에서 정점에 달했다.

조지 부시 당시 미국 대통령은 우크라이나와 조지아에 나토 가입을 위한 분명하고 즉각적인 로드맵을 제공하길 원했으나 다른 나토 가입국, 특히 독일과 프랑스가 이를 거부했다. 미국 정보기관들 역시 그러한 결정이 러시아에 어떻게 받아들여질지 잘 알았기 때문에 그에 대해 경고했다.

당시 주러시아 미국 대사였던 윌리엄 번스는 그의 저서 《비공식 채널Back Channel》에서 자신이 콘돌리자 라이스Condoleezza Rice 미 국무장관에게 보낸 문서에 다음과 같이 썼다고 회고했다. "우크라이나의 나토 가입은 (푸틴만이 아니라) 러시아 엘리트층 전체에게 모든 레드라인 중 가장 밝게 빛나는 선이다. 나는 침체기 러시아 시대의 얼간이들부터 푸틴에 대한 가장 신랄한 자유주의 비평가까지 25년 이상 러시아의 주요 결정권자들과 대화해오며 우크라이나의 나토 가입을 러시아의 국익에 대한 직접적인 도전 이외에 다른 의미로 이해하는 사람을 아직 발견하지 못했다."

(종종 미국·나토와 러시아 양 진영 모두에게 최악이라고 일컬어지는) 막판의 절충안은 우크라이나와 조지아가 미래의 명시되지 않은 시점에 가입국이 될 것이라는 약속을 담았다.[9]

2010년 우크라이나의 대통령으로 당선되었을 때 빅토르 야누코비치는 나토 가입 추진을 포기했지만, 2014년 쿠데타로 그가 축출된 이후 나토는 다시 우크라나이의 가입을 추진한다.

2017년 우크라이나 의회는 나토 가입이 우크라이나의 전략적 안보 목표라고 명시한 법을 채택했고 2019년에는 이에 대응하는 수정안이 우크라이나 헌법에 반영되었다. 2020

년 젤렌스키 대통령의 새로운 〈국가안보전략서National Security Strategy〉는 나토 정식 가입을 추진하기 위해 나토와 협력국 관계partnership 체결을 추진하겠다고 밝혔다.

오바마 행정부 당시 미국과 나토 가입국들은 우크라이나에 '비살상' 군사 원조를 제공하며 우크라이나군을 훈련시켰고 우크라이나와 다른 동유럽 국가들에서 군사 연습을 실시했다. 이러한 움직임은 돈바스 내전에서 군사적 균형에 영향을 미쳤고, 정치력을 발휘해 평화적으로 갈등을 해결하는 데 필요한 2차 민스크 협정에 대한 우크라이나 정부의 노력도 약화시켰다.

트럼프 정부는 공격 무기 제공을 금지한 오바마 정부의 정책을 빠르게 폐기했고, 무기가 우크라이나로 쏟아지기 시작했다. 나토는 2020년 호주처럼 나토와 가장 긴밀한 여섯 개 동맹국에만 주어지는 소위 '확대 기회 협력국enhanced opportunity partners'이라는 특별 지위를 우크라이나에 부여하며 협력을 강화했다.

그러나 푸틴에게 구소련의 기둥 중 하나였고 러시아와도 강력한 역사적 관계가 있는 우크라이나가 나토에 가입한다는 것은 말 그대로 금기였다.

우크라이나 전쟁으로 살아난 나토

나토가 논쟁적인 개입을 반복하고 재앙에 가까운 미국 주도의 전쟁들을 지원하면서 러시아의 우크라이나 침공 전까지 나토의 명성은 심지어 회원국 사이에서도 너덜너덜해진 상태였다. 트럼프는 선거 과정과 임기 중 반복적으로 나토의 역할에 의문을 제기하며 나토를 "구시대적"이며 "시대착오적인 존재"라고 지칭했다. 또한 유럽이 자신들의 공평한 몫을 담당하고 있지 않기 때문에 미국이 나토의 청구서를 지나치게 부담하고 있다고 불평했다.

2019년 마크롱 프랑스 대통령은 나토를 "뇌사 상태"로 규정했다. 그는 나토 회원국인 튀르키예가 미국을 제외한 다른 어떤 회원국들과의 논의도 없이 시리아 북부를 침공한 데 몹시 분개하며, 튀르키예가 이슬람국가IS와의 전쟁을 위태롭게 했다며 비난했다.

또한 2006년 나토가 모든 회원국이 2024년까지 군비 지출을 GDP의 2퍼센트로 증가해야 한다는 결정에 대해 유럽 동맹들의 반발이 있기도 했다. 사실 2퍼센트라는 목표는 2021년까지도 30개 가입국 중 오직 10개국만 달성했던 임의적 목표였다. 경제적인 어려움을 겪던 가입국들은 특히 코로나 바이러스가 유행하면서 군비 증가보다 다른 곳에 더 우선순위를 둘 수밖에 없었다.

또한 중국과 러시아에 대한 입장 차도 커졌다. 2020년 나토가 발표한 보고서 〈나토 2030: 새 시대를 위한 단결NATO 2030: United For a New Era〉에서 나토는 러시아와 중국을 주요 전략적 경쟁자로 정의한다. 또한 두 나라를 "권위주의" 국가들이라 규정하며 이들이 나토의 민주적 가치를 공유하지 않고 이들의 "적대적이고 억압적인 행동"이 "유럽-대서양 안보"에 위협이 된다고 주장했다. 다시 말해, 향후 10년간 세계에서 나토의 역할을 정의하기 위해 작성된 〈나토 2030〉은 중국과 러시아를 나토의 과녁에 정면으로 배치한다.

이렇듯 미국과 나토가 두 나라를 주요한 위협으로 간주한 반면, 유럽의 재계 인사들은 이들을 주요 파트너로 보았다. 2020년 중국은 미국을 제치고 유럽연합의 최대 교역국으로 부상했고 유럽연합에 러시아는 석유·가스의 최대 수출국이었다.

2021년 나토 회원국과 스웨덴 국민 1만 5000명을 대상으로 싱크탱크인 유럽외교협회European Council on Foreign Relations가 실시한 여론조사에 따르면 대다수 유럽인은 미래에 미국이 러시아나 중국과 전쟁을 할 경우 개입을 원치 않는다고 답변했다. 조사에서는 중국과 전쟁이 발생한다면 오직 22퍼센트만이, 러시아와의 전쟁에서는 23퍼센트만이 미국을 지지한다고 밝혔다. 유럽인들의 여론은 미국이 전쟁 계획에서 설정한 나토의 역할과 정면으로 상충한다.

응답자 대부분은 미국의 정치 체제가 고장 났으며 자신들 국가의 정치가 더 건강하다고 인식했다. 17퍼센트의 응답자만이 미국과의 더 긴밀한 관계를 원했고, 프랑스와 독일 응답자는 10퍼센트만이 국방에서 미국의 도움이 필요하다고 답변했다.

그러나 러시아의 우크라이나 침공이 유럽 대륙을 전쟁으로 몰아넣고, 여기서 러시아가 침략자 역할을 맡게 되면서, 이 모든 것이 바뀌었다. 전쟁은 미국과 유럽 사이에 강력한 연대의 바람을 일으켰고, 나토의 생명도 연장시켰다. 유럽 국가들은 군비 인상을 약속했고, 이들과 미국 군수 기업들의 신규 무기 구매 계약도 쇄도했다.

나토 회원국들도 슬로바키아, 헝가리, 불가리아, 루마니아에 네 개의 신규 나토 전투 부대를 배치하는 등 동유럽으로 더 많은 부대와 무기를 투입하는 데 동의했다.

한편 스웨덴과 핀란드는 나토 가입 신청서를 제출했다. 스웨덴과 핀란드의 나토 가입 추진은 2022년 이전만 해도 생각할 수 없었던 조치로, 이는 분명 러시아와의 갈등을 격화시킬 것이다. 러시아는 특히 약 1280킬로미터에 이르는 국경을 마주하고 있는 핀란드의 나토 가입에 위협을 느낄 것이다. 한편 핀란드와 스웨덴의 가입을 환영한 나토 회원국 대다수와 달리 튀르키예는 이들의 가입을 반대했다. 나토 가입 승인은 기존 회원국들의 만장일치 합의가 필요하기 때문에 튀르키예는 나토 내 자신들의 회원국 지위를 강화할 수 있었다.

나토를 억제하기 위한 러시아의 우크라이나 침공은 최소한 단기적으로는 나토를 단결, 강화시켰다. 그러나 전쟁은 매우 빠르게 인기를 잃기 마련이다. 승리한다는 믿음에 도취된 초기의 전쟁 선전전이 무한하고 무의미한 공포로 대체되었고, 이 끝이 보이지 않는 상황 속에서 현재의 위기를 도발하고 연장하고 이용한 나토를 더 비판적으로 볼 수밖에 없다.

5 장

정보전

"이번 우크라이나전은 인류 역사상 가장 격렬한 정보전이다. 떠다니는 거짓말이 너무 많아서 진실을 제대로 파악하는 것 자체가 완전히 불가능해졌다." 미국 대사를 지냈던 미국의 전직 고위급 외교관 채스 프리먼의 말이다.

이번 침공이 러시아어를 사용하는 우크라이나인을 나치로부터 보호하기 위한 '특별 군사작전'이라는 러시아 언론의 서사와 러시아의 침공은 러시아 제국을 재건하려는 목적에서 도발 없이 발생한 침략이라는 우크라이나-서방의 서사 사이에서 역사적 맥락이나 사태의 복잡성과 뉘앙스를 따져볼 공간은 거의 없어졌다.

서방에 있는 우리가 러시아 정부가 자국민에게 전달하는 서사에 큰 영향을 미칠 수 없는 것도 사실이지만 우리도 우리 언론에 더 높은 수준의 중립성을 요구했어야 했다. 그러나 이번 우크라이나 위기의 시작부터 언론 지형은 암울해 보였다.

미국 케이블 뉴스의 지배적인 목소리는 군수 기업과의 금전적 연관성과 같은 이해관계 충돌 여부를 제대로 밝히지 않는 퇴역 장성들이나 매파 싱크탱크 연구원들의 것으로, 이들은 더 많은 무기 지원과 전쟁의 '승리'를 주장한다. 2014년 쿠데타 전부터 우크라이나 내정에 관여해온 미국에 대한 비판적인 의견이나 나토 팽창이 전쟁의 발단이 되었다는 목소리는 친푸틴적이라며 기각되거나 대부분은 아예 전파를 타지도 못했다. 그리고 전쟁의 확대가 아니라 협상을 촉구한 반전 요구는 시종일관 묵살되었다.

다시 돌아가서 이 전쟁에 대한 서구의 주류 언론의 보도를 처음부터 살펴보자. 우선, 유명 리포터들과 높은 몸값을 자랑하는 뉴스 앵커들이 달려들어 빈틈없는 보도를 쏟아내는 등 보도의 양이 전례가 없을 정도였다.

저녁 뉴스 프로그램을 기록하고 분석하는 저널리즘 뉴스 레터인 《틴들 보고서Tyndall Report》에 따르면, 미국 주요 방송 3사(ABC, CBS, NBC)의 저녁 뉴스 프로그램은 우크라이나 전쟁 첫 한 달 동안, 미국이 직접 관여한 전쟁을 포함해 2001년 9·11

테러 이후 일어난 어떤 전쟁에 대한 한 달 치 뉴스보다 많은 양의 보도를 쏟아냈다고 한다. 심지어 시리아 내전 중 전투가 절정이었던 1년 동안 이 전쟁에 대해 보도되었던 양보다 우크라이나 전쟁 한 달 동안 보도된 양이 더 많았다.[1]

우크라이나 난민에 대한 전례 없는 양의 기사 역시 마찬가지였다. 기자들은 폴란드 국경지대로 몰려들어 폭력과 폐허를 피해 달아나는 곤경에 처한 여성과 아동의 진심으로 가슴 아픈 사연들을 우리에게 들려주었다(군복무 연령대의 남성들은 전투 투입을 위해 징집되었으므로 피난민은 주로 여성, 아동, 노인이었다).

우크라이나 난민의 어려움을 인간미 있게 묘사한 보도는 진정으로 놀라운 대응을 이끌어냈다. 정부, 원조 기구, 개인 후원자를 가리지 않고 수십억 달러씩 난민에 대한 인도적 지원이 쏟아졌다. 선의를 가진 수많은 일반인이 국경 마을로 달려가 따뜻한 음식, 아이들의 장난감, 트라우마를 겪는 어머니들을 위한 상담사가 준비된 청결한 숙박 시설에서 피난민을 맞이했다.

난민 관련 분야의 전 세계 시민사회를 놀라게 한 점은 지역의 수만 가정이 피난민들을 자신들의 집으로 기꺼이 받아들여 수백만의 우크라이나인들이 난민 캠프 없이도 정착할 수 있었다는 것이다.

이러한 모습은 연민과 지지를 받을 권리가 있는 완전한 인간으로서 모든 난민이 진정으로 어떠한 대우를 받아야 하는지에 대한 모범을 보여준다.

(백인) 난민 환영

어떻게 우크라이나 난민들에게 이런 놀라운 지원이 쏟아졌을까? 한 가지 이유는 수십 년 동안의 냉전으로 인한 적대감 때문에 서방의 많은 사람이 반감을 갖기 쉬운 러시아로부터 우크라이나가 공격받는다는 사실 때문일 것이다. 또 다른 이유는 대부분의 난민이 백인 유럽인이라는 것이다.

이것은 비백인 우크라이나인과 우크라이나의 유색인종 유학생이 어떠한 대우를 받았는지를 살펴보면 분명해진다. 끔찍한 보도와 영상이 소셜미디어에 돌아다녔다. 폴란드 국경 지역의 우크라이나 군인들은 피난민을 백인과 비백인 그룹으로 나누었다. 백인 여성들과 아동들이 대기 중이던 버스와 기차에 빠르게 승차할 동안 유색인종 여성들은 살을 에는 추위에 야외에서 대기해야 했다. 일부 아프리카계 여성들은 키이우를 떠나는 기차에 잔여석이 있음에도 불구하고 자신들은 탑승할 수 없었다고 증언했다.

네팔, 인도, 소말리아 출신 남성들은 우크라이나 경비대에 발로 차이고 경찰봉으로 두드려 맞았다고도 했다. 그러고 나서 이들은 어쩔 수 없이 걸어서 폴란드 국경을 넘어야 했고, 이후 한겨울에 폴란드 국경 마을에 발이 묶여 있어야 했다.

폴란드에 도착한 이후로 차별은 더욱 심해졌다. 한 케냐 출신 의대생에 따르면 일부 아프리카계 학생들이 바르샤바 근처의 호텔로 옮겨졌으나 해당 호텔에서 이들이 숙박비를 내려고 했음에도 체크인을 거부했다고 한다. 한 국경 마을에서는 비백인 난민들이 배회하던 백인 민족주의자 무리에게 공격을 당했다. "너희 나라로 돌아가라"라고 외치며 기차역으로 달려간 폭도들이 세 명의 인도계 학생을 심하게 폭행했고 이 중 한 명을 입원하게 만든 사건도 있었다.

수천 명의 아프리카계 유학생들이 처한 상황이 매우 심각했기 때문에, 결국 이들의 모국 정부에서 전세기를 동원해 학생 상당수를 고국으로 데려왔다.

우크라이나 난민의 '우월성'

압도적으로 인구 대다수가 백인인 나라의 난민을 돕는 문제와 관련해 언론사 기자, 정치인의 발언들은 한결같이 깊은 인종적 편견을 드러낸다.

한 프랑스 정치인은 우크라이나인을 다른 난민과 비교하며 "고급high-quality 난민"을 대표한다고 말했고, 불가리아 총리는 우크라이나 난민들이 "똑똑하고, 교육받았다. ⋯⋯ 이들은 이력이 불분명하고 심지어 테러리스트가 될 수도 있는, 우리에게 익숙한 그 난민들의 물결이 아니다"라고 발언했다.

CBS 특파원 찰리 다가타Charlie D'Agata는 우크라이나 난민을 "비교적 교양 있고, 비교적 유럽인"이라고 묘사했고, 영국의 비평가 대니얼 해넌Daniel Hannan은 이들이 "넷플릭스Netflix를 보고 인스타그램 계정이 있는" 사람들이라 충격을 받았다고 썼다.

프랑스 뉴스 채널인 BFM TV의 한 기자는 "우리는 지금 푸틴의 지원을 받은 시리아 정권의 폭격을 피해 달아나는 시리아인에 대해 이야기하는 게 아니라, 우리가 타는 차와 닮은 자가용을 타고 피난을 가는 유럽인에 대해 이야기하는 것입니다"라고 했다.

리포터들에 따르면 그들의 자가용뿐만 아니라 난민들 자체가 '우리'와 닮았다. 심지어 중동 채널인 알자지라Al Jazeera 방송의 한 진행자가 이들이 "당신 옆집에 살 것 같은 평범한 유럽 가족처럼 보이는" "성공한 중산층"이라는 사실에 놀라워했다. NBC 특파원 켈리 코비엘라Kelly Cobiella는 "이들은 기독교인들이고, 백인입니다. 이들은 우리와 아주 비슷합니다"라고 상황을 요약했다.

이렇게 넘쳐나는 '우리와 닮은 그들'이라는 유의 발언은 서방의 뉴스 리포터들 가운데 백인이 얼마나 압도적으로 많은지 분석하는 연구로까지 이어졌다. 또한 이로 인해 아랍중동언론인협회Arab and Middle Eastern Journalists Association는 "오리엔탈리즘적이고 인종주의적인" 수사들을 비난하고 언론사 보도국에서 전쟁의 모든 피해자를 동일하게 대우하라고 촉구하는 성명을 발표하기도 했다.

유럽 백인들에게 전쟁이 닥쳐왔다는 사실에 대해 기자들이 표명한 충격은 유럽과 서구만이 독특하게 문명화되었고 세계의 나머지는 야만적이라는 오래된 식민주의 시대의 태도가 끈질기게 지속되고 있다는 점을 반영했다. 사실 유럽이 '전쟁을 겪기에 너무 문명화되었다'는 생각은 인종주의적일 뿐만 아니라 몰역사적이다. 유럽은 (자신들이 대량 학살을 자행한 아메리카 대륙의 식민지들과 함께) 지구상에서 오랜 기간 가장 전쟁으로 가득한 대륙이었다.

이런 편견에 가득한 서사는 두 번의 세계대전과 그리스 내전, 유고슬라비아 전쟁, 스페인 내전, 사이프러스의 종족 분할, 북아일랜드를 괴롭힌 30년 '분쟁Troubles'처럼 유럽 땅에서 살해당한 수백만 명의 이야기를 지워버린다. 한반도, 베트남, 아프가니스탄, 이라크 같은 곳을 침공하기 위해 진군한 밝은 피부의 유럽과 북미 군인들은 차치하고라도 말이다.

유럽인들, 그리고 미국인들은 더욱더 그들의 정부가 오랜 기간 '전쟁 만들기'를 외부화하며 자국 내의 민간인에게 평화의 환상을 창조해낸 시간을 보내왔다. 서방의 주류 언론은 서구 침략의 희생자들에게 가해진 폭력을 두고 오히려 희생자들을 비난함으로써 이러한 환상을 더욱 강화시켜왔다. 미군이 '수 세기에 걸친 이라크의 시아파와 수니파 사이의 내전'의 한가운데로 무고하게 빠져들어갔다는 가짜 서사는 이러한 환상의 가장 노골적인 예일 것이다.

이러한 식민주의적 서사는 지구 어딘가에서 벌어지는 폭

력과 전쟁을 피해 떠나온 난민들에게 가해지는 억압을 암묵적으로 정당화한다. 여러분은 2021년 말을 탄 미국 국경순찰대 대원들이 아이티 이민자들을 미국 국경에서 몰아내기 위해 그들을 소떼처럼 몰고 다니던 끔찍한 장면을 기억할지 모른다. 이 사태는 아이티 대통령이 자택에서 암살된 이후 아이티인들에게 끊임없는 착취와 희생, 가난에 찌든 모국에서 달아날 수밖에 없는 상황이 만들어지자, 새로운 사회적 불안의 물결이 퍼지면서 벌어진 일이다.

〈폭스 뉴스Fox News〉는 폭력을 피해 미국으로 망명하기 위해 산을 넘어 수백 마일을 걸어오는 중앙아메리카 사람들의 캐러밴 행렬을 "침략자 떼거리"로 묘사했고, 이들은 무장 경비대에 막혀 위험하고 비위생적인 국경지대의 임시 난민 캠프에서 무일푼으로 머물러야 했다.

심지어 지난 20년간의 피비린내 나는 전쟁에서 미국 편에서 싸운 아프간인들과 통역사나 점령 정부 관리로 일했던 아프간인들은 고립된 상태로 남겨졌다. 탈레반이 권력을 다시 장악했을 때, 그들은 미국에서의 난민 지위를 약속받았으나 이후 제3국에서 도착하지 않는 비자를 기다리며 악몽 같은 관료제의 그물에 갇히게 되었다.

이들과는 심히 대조적으로 바이든 대통령은 10만 명의 우크라이나 난민을 수용하겠다는 계획을 발표했고, 이미 미국 땅에 들어온 난민들은 추방되지 않도록 즉각 임시 보호 지위를 부여하겠다고 발표했다. 미국과 멕시코 국경에는 (우크라이나인에게만 적용되는) 특별 신속 처리 절차가 만들어져 하루에 수천 명이 긴급 처리 수속을 밟고 미국 입국을 환영받았다.

유럽 각지에서도 동일한 일이 벌어졌다. "이슬람 무리들"을 쫓아내기 위해 국경에 장벽을 세우기도 했던 반이민주의자 헝가리 총리인 빅토르 오르반Viktor Orbán은 너그럽게도 우크라이나 난민 60만 명을 헝가리로 받아들였다. 북아프리카 이주민들로 꽉 찬 구조선이 이탈리아 항구에 정박하지 못하도록 막았던 이탈리아의 극우 지도자 마테오 살비니Matteo Salvini는 폴란드로 날아가 우크라이나 난민을 이탈리아로 초대했다.

미국과 나토의 침략 전쟁은?

우크라이나 사태는 그 대상이 적절한 (즉, 하얀) 피부색을 가지고 있다면 서방 언론에서 동정적이고 호의적인 보도를 받을 수 있다는 사실을 입증했다. 그리고 여기에 더해 적절한 침략자에게 저항하는 것이라면 금상첨화다.

러시아의 우크라이나 침공은 진정 잔인하고 야만적이며 불법적인 행위다. 그런데 미국과 그 동맹들이 관여하고 있는 잔인하고 야만적이며 불법적인 침공의 경우는 어떤가?

이들은 수십 년간 여러 나라에서 러시아가 지금까지 우크라이나에 끼친 것보다 훨씬 심각한 규모로 도시와 마을을 폐허로 만드는 전쟁을 일으켜왔다. 통계를 하나 보자. 미국과 동맹국들은 2001년부터 2021년까지 아홉 개 국가에 총 33만 7000발 이상의 폭탄과 미사일을 투하했다.[2] 20년간 하루도 빠짐없이 매일 평균 46발을 투하한 것이다.

미국 국방정보국 고위 관료의 추산에 따르면 전쟁 개시 후 최초 24일간 러시아가 우크라이나에 가한 폭격보다 미국이 2003년 이라크 전쟁에서 첫날 하루 동안 가한 폭격이 더 많았다.[3] 2017년 미국은 이라크 두 번째 도시인 모술에 가한 폭격에서 13만 8000호의 건물을 파괴하거나 손상시켰으며,[4] 모술이 있는 이라크 쿠르드자치구의 정보 보고에 따르면 최소 4만 명의 민간인이 사망했다.[5]

하지만 서방의 기자들은 이라크 민중의 고통을 우크라이나인들의 고통처럼 기록하지는 않았다. 더욱이 그들은 서구 침략국들에 맞서 싸우는 용감한 이라크인들을 알리지도 않았다. 반대로 대부분의 서방 언론 기자들은 미군 파견 기자*거나 바그다드 그린존Green Zone**의 군사 브리핑실에 마지못해 앉아서 이 전쟁은 이라크인들을 학살하는 게 아니라 이들을 해방

---

* 파견 기자embedded reporter(embed)는 종군 기자war correspondent의 한 종류로 분쟁 당사국의 부대에 소속되어 전쟁에 대한 파견 보도embedded journalism를 수행하는 기자를 의미한다. 미국이 2003년 이라크전에서 처음 도입한 파견 프로그램embed promgram으로 인해 사용되기 시작한 용어다. 이후 파견 보도 행위의 객관성에 대한 비판이 많았다. Patrick Cockburn, "Embedded Journalism: A Distorted View of War," *The Independent*, November 23, 2010. https://www.independent.co.uk/news/media/opinion/embedded-journalism-a-distorted-view-of-war-2141072.html.

시키고 있다며 현실을 덧칠하는 미국의 선전전을 충성스럽게 반복해서 쏟아냈다.

국제적십자위원회는 이라크에서 미국이 자행한 제네바 협약에 대한 체계적 위반 사항들을 기록했다. 하지만 서방 언론은 미국 부시 대통령과 딕 체니Dick Cheney 국방장관, 도널드 럼스펠드Donald Rumsfeld 부통령이 이미 상세히 기록된 그들의 전쟁범죄 혐의에 대해 재판을 받아야 한다고 주장하는 목소리를 내보내는 데는 실질적으로 전혀 방송 시간을 할애하지 않았다. 반면 러시아에 전쟁범죄의 책임을 물어야 한다고 요구하는 목소리는 풍부하게 보도했다.

이라크와 아프가니스탄 전쟁과 관련해 미국 고위 관료들이 누린 불처벌의 결과 중 하나는 푸틴 역시도 우크라이나에 대한 침략과 전쟁범죄에 대해 대충 넘어갈 수 있다고 믿게 되었다는 것이다. 또 다른 결과는 러시아의 형사적 책임을 묻고자 하는 서구의 노력을 서방 세계 밖에서는 뻔뻔한 이중 잣대로 인식하게 되었다는 것이며, 그것이 실제로 맞는다는 것이다.

** 미국의 2003년 이라크 침공 이후 바그다드 중심부에 설치된 국제연합군 임시 당국의 행정 중심지로서 국제연합군이 직접 관리하는 곳으로 보안상 가장 안전했던 곳이다. '바그다드 국제 구역'이라고도 불린다.

자유의 투사 vs. 테러리스트

사제 화염병을 만드는 민간인부터 러시아군의 탱크를 막기 위해 다리를 폭파하는 저항군, 끌어모을 수 있는 모든 무기를 동원해 러시아의 장갑차를 공격하는 일반 시민까지, 언론은 이 전쟁에서 러시아 침략자들을 물리치는 우크라이나의 자유 투사들이 보여주는 용기와 창의력을 자세히 소개했다.

우리는 비슷하게 사제 폭탄을 만들어 미군의 공격을 물리치는 이라크의 자유 투사들에게 공감하는 서방 언론의 기사를 상상할 수 있을까? 중무장하고 팔레스타인 마을을 습격하는 이스라엘 군인들에게 돌을 던지는 어린 팔레스타인 소년들에게 박수를 보내는 CNN의 보도 기사는 상상할 수 있을까?

영국 《인디펜던트Independen》의 네이딘 화이트Nadine White 기자는 "언론은 흑인과 유색인종으로 이루어진 나라들에는 해주지 않던 방식으로 러시아에 대항한 우크라이나 민간인의 무장 저항을 찬양했다"라고 썼다.

한편 팔레스타인 언론인인 모하메드 라피크 하웨시Mohammed Rafik Mhawesh는 알자지라에서 이렇게 말했다. "이제 모든 서방 강대국과 국제 언론, 심지어 이스라엘의 지배층도 점령 행위는 부당하고, 무장 저항은 정당할 뿐만 아니라 명예로운 것이며, 전쟁의 모든 희생자를 지지해야 한다고 공식적으로 인정하는 듯하니, 우리는 팔레스타인과 예멘, 리비아, 이라크, 아프가니스탄, 카슈미르에 대해 이야기해야 한다."

서구의 반전 활동가들은 언론이 공정하게 미국이 일으킨 전쟁으로 인한 고통을 보도했다면 대중이 반전운동의 대열에 합류할 것이라고 오랫동안 믿어왔다. 미군이 아프가니스탄에서 철수할 당시 일곱 명의 아동을 포함해 가족 열 명의 목숨을 앗아간 미군의 드론 공격을 언론이 예외적으로 자세히 보도했을 때, 당시 여론은 경악했다. 하지만 안타깝게도 그 분노는 20년은 늦은 것이었다.

확전 여론을 자극하는 서방 언론

미국과 서방의 전쟁에 대해 더 정직하게 보도했다면 더 강력하고 광범위한 반전운동이 일어났을 가능성이 높지만, 우크라이나 전쟁에 관해 쉬지 않고 보도한 결과 여론은 반대 방향으로 흘러갔다. 바로 서방이 더 깊이 개입해야 한다는 여론이다.

비행 금지 구역 문제를 예로 들어보자. 러시아의 침공 얼마 후 젤렌스키 대통령은 나토에 러시아 전투기에 맞서 비행 금지 구역을 설정해달라는 긴급 요청을 하기 시작했다. 2022년 3월 15일 젤렌스키 대통령이 미국 의회에서 연설하며 그는 러시아의 공중 폭격과 비명을 지르는 아이들, 들것에 실린 다친 임산부, 공동 매장지로 던져지는 시신의 모습과 같이 폭격으로 인한 인적 피해를 보여주는 자극적인 영상을 재생했다. 영상은 "우크라이나 상공을 봉쇄해야 한다"라는 요청으로 끝난다.

미국 언론은 즉각 이 명분을 옹호하기 시작했다. 기자들은 기자회견과 인터뷰에서 어떻게 젤렌스키 대통령의 요청에 대응할 것인지 바이든 행정부를 괴롭혔다.

그러므로 2022년 3월 로이터-입소스Reuters-Ipsos의 여론조사에서 공화당과 민주당 강성 지지자 대부분을 포함한 미국인의 75퍼센트가 미국과 나토 동맹국들이 우크라이나를 보호하기 위해 비행 금지 구역을 설정해야 한다고 응답한 것은 놀랍지 않았다.

그러나 여기에는 문제가 하나 있다. 언론은 비행 금지 구역 설정에 대한 지지를 강화시켰으나, 반면에 그것이 정확히 어떠한 의미인지 설명하는 것은 등한시했다. 비행 금지 구역을 설정한다는 것은 러시아 전투기를 막기 위해 미국과 나토가 수천 대의 비행기를 동원해 우크라이나 상공을 정찰하며 우크라이나 영공에 진입하는 모든 러시아 비행기를 격추해야 한다는 것을 뜻한다. 그리고 러시아 비행기를 공격하는 것은 러시아와 나토 간의 전면전을 촉발할 가능성이 높다.

다행히 비행 금지 구역 건의 경우 바이든 대통령이 국방부의 의견을 반영해 그 가능성을 배제했다. 그러나 '더 많이'를 외치는 언론의 울부짖음은 더 많은 살상 무기를 우크라이나에 지원해야 한다는 여론과 의회의 지지를 자극했고, 이로 인해 우리는 전 세계 핵무기의 90퍼센트를 보유한 미국과 러시아 사이의 전면전에 한 발짝 더 가까이 다가가고 있다.

가짜 뉴스에 주의하라

언론은 서방의 군사적 개입을 늘려달라는 젤렌스키 대통령의 요청에 도취되어 종종 가짜 뉴스의 전달자가 되었다. 물론 진정 영웅적인 우크라이나인의 이야기들도 있지만, 일부는 과장되거나 윤색되었으며, 일부는 완전히 날조된 것이었다고 밝혀졌다.

침공 후 며칠 동안 급속도로 퍼진 영상이 있다. 뱀섬Snake Island*으로 알려진 흑해의 작은 섬에 주둔한 우크라이나 병사들과 러시아 전함 사이의 대화를 담은 영상으로, 여기서 무장해제하고 투항하라는 러시아의 교신 요청에 우크라이나 병사들은 "러시아 전함은 꺼져라"라고 응수한다. 그리고 이 문구는 대중 저항의 유명한 구호가 되었다.

이후 전함에서 발포를 시작해 이들을 모두 사살한 것으로 알려졌고, 80명의 병사에게 '사후死後적으로' 나라를 지키는 데 목숨을 던진 용맹한 애국자들로서 훈장이 수여되었다. 그러나 나중에 밝혀진 바에 따르면 이들은 러시아 국방부가 이후 계속 주장했던 것처럼 투항해 러시아가 인신을 확보한 상태였다(몇 달 후인 6월 30일 러시아는 "선의의 조치"라고 주장하며 섬에서 퇴각했으나, 우크라이나는 이에 대해 승리한 전투라고 주장했다).

단독으로 러시아 전투기 40대를 격추하고 자신도 격추당

---

*   우크라이나어로는 즈미이니섬ostriv Zmiinyi이다.

한 것으로 알려진 우크라이나 조종사인 '키이우의 유령Ghost of Kyiv'에 대한 보도도 있었다. 그러나 유령 조종사라고 알려진 사진의 주인공은 자신의 사진이 갑자기 영웅 지위를 얻으며 유포되어 신이 난 아르헨티나 변호사였다.

이보다 훨씬 신나지 않는 이야기도 있다. 모든 전쟁에서 너무 쉽게 발견되는 민간인에 대한 잔혹행위와 관련된 것들이다. 미국은 군사 개입에 대한 지지 여론을 조성하기 위해 위장 술책이나 '잔혹행위 관련 보도'를 활용해온 긴 역사를 자랑한다. 가령 1990년 이라크 군인들이 쿠웨이트의 병원으로 들이닥쳐 신생아들을 인큐베이터에서 꺼내 내동댕이쳤다는 이야기가 미 의회 위원회에서 나왔으나, 이는 1차 걸프전에 대한 지지 여론을 선동하기 위한 완전히 날조된 사실이었다.

물론 이라크의 대량 살상 무기, 사담 후세인과 알카에다의 연계와 같은 완전한 가짜 뉴스도 있었다. 이러한 내용들은 불법적이고 재앙에 가까운 이라크 침공을 정당화하기 위해 미국 정부 관료들이 정치화된 '정보'와 의도적인 거짓말을 섞어 만든 악의적인 조작이었다.

우크라이나의 경우 러시아 침략자들에 의해 자행된 수백 건의 잔혹행위가 확실히 존재하고, 유사하게 우크라이나군에 의해 자행된 민간인과 포로에 대한 잔혹행위 관련 혐의도 있다. 물론 민간인을 살해하는 행위는 진정 끔찍한 행위이며, 병원이나 학교, 거주 지역에 대한 폭격은 그 자체로 잔혹행위다. 또한 러시아군에 의한 즉결 처형과 강간, 고문에 대한 신뢰할 수 있는 증거가 있다. 독립 기구가 이러한 범죄행위를 철저히 조사해야 한다.

그러나 기성 주류 언론 매체들은 러시아혐오Russophobia의 광기를 자극하기 위해 전혀 검증되지 않은 이야기를 반복하기도 한다. 《뉴스위크》는 러시아군이 아동들의 방과 침대 밑에 폭탄을 설치했다는 우크라이나 폭발물 처리팀 팀장의 검증되지 않은 주장을 보도하기도 했다.

겨우 한 살의 남아가 두 명의 러시아 군인에 의해 강간당한 후 사망했다는 입증되지 않은 주장이 언론 매체에 보도되는 일은 더욱 휘발성이 강한 사건이었다. 미국의 온라인 뉴스 매체인 《데일리 비스트Daily Beast》는 그 아이가 "열 살 남자아이 두 명, 아홉 살의 세쌍둥이, 두 살 여자아이 한 명, 그리고 엄마가 보는 앞에서 촛대로 신체를 관통당한 생후 9개월의 영아"를 포함한 아동 강간 피해자로 알려진 수십 명의 아이 중 하나라는 내용을 더하며 소름 끼치는 이야기에 살을 붙였다.[6]

강간은 전쟁의 무법 환경에서 민간인, 특히 여성에게 가해지는 끔찍한 참상 중 하나다. 또한 강간은 이라크에서 미군에 의해 고문 방법 중 하나로 사용되기도 했다.[7] 그러나 검증되지 않은 주장에 근거한 기삿거리를 퍼뜨리는 것은 그저 끊임없이 확대되는 전쟁에 대한 합의를 조작해내기 위한 저널리즘적 직무 태만일 뿐이다.

이러한 입증되지 않은 내용을 서방 언론에 제공해오던 류드밀라 데니소바Lyudmila Denisova 우크라이나 의회 인권감독관은 결국 이 문제로 해촉되었다. 그러나 이후에도 자극적인 언론 보도자료를 받아쓰기한 언론 매체에서 이미 크게 보도된 내용과 관련한 정정 보도를 한 것은 보기 어렵다.[8]

언론 독립, 전쟁의 또 다른 피해자

서방 언론이 진실, 절반의 진실, 왜곡, 생략, 노골적인 거짓말을 뒤섞은 내용을 대중에게 떠먹이느라 바쁠 때, 서방 정부들과 미디어 플랫폼들은 친러시아적이거나 자신들이 설정한 자의적인 선을 넘은 것으로 생각되는 관점에 대한 접근을 차단했다.

그리고 책임감 있는 언론인이라면 응당 해야 하는 일, 즉 어느 때보다 선전적으로 얼룩진 언론 환경에서 대중이 원하는 지배적 서사에 의문을 제기하는 보도나 분석이 모두 그 관점에 해당했다.

침공 후 3일 만에 우르줄라 폰데어라이엔Ursula von der Leyen 유럽연합 집행위원회 위원장은 유럽연합이 러시아의 국영 언론사인 RT[전 러시아 투데이Russia Today]와 스푸트니크Sputnik의 송출을 차단한다고 발표하면서 이 언론들이 "더 이상 유럽연합 내에서 푸틴의 전쟁을 정당화하고 분열의 씨를 퍼트리는 거짓말을 유포하지 못할 것이다"라고 했다.

RT는 미국과 캐나다에서 기존에 송출하던 모든 스트리

밍 서비스와 케이블 플랫폼에서 송출이 금지되었고 이후 방송국을 폐쇄했다. 러시아 언론이 시청자들에게 어떠한 선전전을 제공하는지 이해하기 위해서라도 러시아의 관점을 확인하는 것이 중요하다고 생각하던 사람들은 아무것도 알 수 없게 되었다.

RT를 차단함으로써 러시아 혹은 분쟁과는 전혀 관련이 없는 프로그램들도 폐지되었다. RT아메리카RT America는 데니스 밀러Dennis Miller나 윌리엄 셰트너William Shatner, 피터 라벨Peter Lavelle, 크리스 헤지스Chris Hedges, 리 캠프Lee Camp, 제시 벤투라Jesse Ventura처럼 폭넓은 정치적 관점을 지닌 유명 인사들이 진행하는 여러 프로그램을 방영하고 있었다.* 크리스 헤지스나 리 캠프는 미국 기성 언론에서 찾아볼 수 없는 반전, 반제국주의적 관점을 가진 인물들이다.

크리스 헤지스가 6년간 진행하며 에미상 후보에도 올랐던 미국사회 비평 프로그램인 〈온 컨택트On Contact〉의 전체 영상이 유튜브에서 완전히 삭제되었다. 헤지스는 프로그램 내내 러시아와 관련된 단 한 편의 방송도 제작하지 않았다. 그는 〈시어포스트Scheerpost〉**에 "아마도 러시아의 선전전을 검열

---

* 데니스 밀러는 미국 코미디 프로그램 〈SNL〉 출신 코미디언이자 쇼 호스트, 윌리엄 셰트너는 미국의 유명 TV 시리즈인 〈스타 트렉Star Trek〉의 주연을 맡았던 캐나다 출신 배우, 피터 라벨은 미국의 정치평론가, 제시 벤투라는 미국 프로레슬링 선수 출신으로 미네소타 주지사를 역임한 정치인이다.
** 미국의 원로 진보 언론인 로버트 시어Robert Scheer가 운영하는 기고 사이트.

한다는 명목으로 그렇게 된 것이라고 생각한다. 실리콘밸리의 아둔한 검열관들의 눈에 소설 《율리시스》에 관한 깊이 있는 토론이나 수전 손택Susan Sontag과 로버트 오펜하이머J. Robert Oppenheimer의 일생이 블라디미르 푸틴과 무슨 연관성을 갖는지 이해하기는 힘들지만 말이다"라고 썼다.

리 캠프의 경우 수년간 공들여온 자신의 정치 코미디 프로그램인 〈오늘의 검열Redacted Tonight〉의 RT 플랫폼을 잃게 되었다. 또한 해당 프로그램의 유튜브 영상이 삭제되었고, 자신의 개인 팟캐스트 프로그램인 〈분명한 순간Moment of Clarity〉이 스포티파이Spotify에서 삭제되었다. 한때 RT 프로그램의 진행자였던 애비 마틴Abby Martin과 헤지스는 모두 러시아의 침공을 공공연하게 반대했고, 캠프 역시 그랬다. 애비 마틴도 유튜브가 자신의 선구적인 쇼인 〈고정관념 깨기Breaking the Set〉의 전체 영상 550개를 모두 삭제했다는 것을 알게 되었다.

트위터는 "러시아 정부 관련 계정의 확산을 감소"시키기로 결정했고, 논란의 여지가 있다고 판단되는 개인 계정을 차단했다. 미국 해병대 정보장교와 유엔의 무기 감독관을 지낸 스콧 리터Scott Ritter가 우크라이나 부차에서의 민간인 학살에 대해 우크라이나 국가 경찰이 주민들을 살해하고 이 책임을 러시아에 전가한 위장 작전일 가능성을 시사하며 주류 담론에 문제를 제기하자 그의 트위터 계정이 정지되었다.

페이스북Facebook과 인스타그램Instagram을 소유하고 있는 메타Meta에는 폭력을 선동할 가능성이 있는 게시물을 금지하는 가이드라인이 있다. 그러나 메타는 러시아의 침공 이틀 후 푸틴의 죽음을 교사하거나 "우크라이나 침공과 관련한 러시아인과 러시아 군대에 맞서는 폭력을 요청"하는 게시물은 허용하기로 결정했다. 또한 메타는 혐오 단체이자 위험 단체로 활동을 금지한 아조우 연대를 찬양하는 게시물에 대한 차단 결정을 철회했다.

유튜브는 "근거가 충분한 폭력 사건을 부정, 축소, 사소화하는 콘텐츠를 금지한다. 러시아의 우크라이나 침공과 관련해 이 정책을 위반하는 콘텐츠를 삭제하고 있다"라는 새로운 가이드라인을 발표했다. 또한 "우크라이나 전쟁과 관련해 전쟁을 악용, 부정, 용인하는 콘텐츠의 현금화를 중지한다"라며 미국, 나토, 우크라이나의 정책에 관련해 포괄적으로 비판적 콘텐츠의 현금화를 막겠다고 발표했다.

라이브 방송 스트리밍 서비스인 트위치Twitch는 "유해 허위 정보 이용자들의 이용을 제한"하기로 결정했고, 침공이 우크라이나를 탈나치화하기 위해서라는 주장처럼 자신들이 친러 거짓말로 판단한 내용을 확산시킨 계정을 정지시켰다.

이렇게 삭제된 목소리에 동의하는지 여부를 떠나서, 우리는 언론 자유의 지지자로서 침묵을 강요하는 조치에 반대해야 한다. 무엇보다 억만장자인 영리 목적의 소셜미디어 독점 기업들이 사회적 담론의 검열관이 되었고 이러한 세상은 자유로운 사회가 아니라는 것을 인식하는 것이 중요하다.

미국의 팔레스타인 관련 온라인 매체 《일렉트로닉 인티

파다Electronic Intifada》의 대표인 알리 아부니마Ali Abunimah는 "이런 종류의 검열은 모두 언론 자유를 수호하기 위한 것이고, 순응은 민주주의를 보호하기 위한 것이며, 억압은 자유를 보장하기 위한 것이다"라는 내용의 트윗을 통해 이 아이러니를 꼬집었다.

러시아의 언론 탄압

검열은 서구 진영에만 국한되지 않았다. 러시아는 독립 언론에 재갈을 물려온 긴 역사가 있고, 침공 이후의 탄압은 빠르고 격렬했다.

러시아의 정부 방침은 분명했다. 정부는 공격의 규모를 축소했고, 분명한 반증에도 불구하고 러시아군이 민간 기반시설을 폭격하지 않았다고 주장했다. 또한 러시아 군대를 히틀러의 침공군 같은 파시스트에 맞서 싸우는 영웅들로 찬양했고 우크라이나 민간인과 러시아 병사 모두의 사상자 범위를 불분명하게 밝혔다.

정부는 2022년 3월 거리 시위와 반정부 의견을 억누르기 위해 "러시아군 관련 가짜 뉴스"에 대해 최대 징역 15년까지 처벌하는 법을 시행했다. '가짜 뉴스'의 범위에는 우크라이나 출처의 내용을 인용하는 것부터 정부가 공인한 '특별 군사작전special military operation'이라는 용어 대신 '전쟁war'이라는 단어를 사용하는 것까지도 포함되었다.

1990년 반소련 인사들이 설립한 라디오 방송국인 모스크바 공감Echo of Moscow은 침략의 참상을 이야기한 우크라이나 언론인들을 인터뷰한 이후 송출이 차단되었다. 또한 2010년에 설립되어 사상의 자유가 보장된 언론의 상징이었던 TV레인TV Rain(Dozhd)은 극단주의를 자극하고 시위를 선동해 사회 안녕을 파괴했다는 이유로 비난받았다. 방송사의 경영진은 습격에 대한 우려로 운영 중단을 결정했는데, 극적인 마무리로 방송사 대표가 "전쟁 반대no to war"라고 외치며 전체 직원과 함께 생방송 도중 스튜디오에서 퇴장했다.

2021년 노벨평화상 공동 수상자였던 언론인 드미트리 무라토프Dmitri A. Muratov는 러시아에서 가장 오래되고 유명한 독립 신문인 그의 《노바야 가제타Novaya Gazeta》를 폐간했다. 그는 "선전전이 아니면 모두 쫓겨나고 있다"라고 했다.

또한 러시아 국영 텔레비전의 생방송 저녁 뉴스에 "전쟁 반대No War" "전쟁에 반대하는 러시아인들Russians Against War"이라고 쓴 피켓을 들고 등장해 시청자에게 지금 듣고 있는 것은 거짓말이라고 말한 용감한 여성 마리나 옵샨니코바Marina Ovsyannikova에게 전 세계 사람들이 박수를 보냈다. 그녀는 그 직후 러시아를 떠났으나, 그 순간은 정부가 언론 자유를 탄압하는 것에 대한 강렬한 항의의 순간이었다.

침공이 시작된 지 두 달이 지난 시점에는 BBC러시아BBC Russia, TV레인, 모스크바 공감, 《노바야 가제타》, 《모스크바 타임스Moscow Times》, 《메두사Meduza》, 《독사DOXA》나 다른 독립 매체의 기자들과 편집자들이 러시아를 떠났거나 보도 활동을 멈췄다.

그러나 많은 독립 매체가 보도를 지속하기 위한 창의적인 방법들을 찾았다. 망명한 《노바야 가제타》의 기자들은 라트비아에서 노바야 가제타 유럽을 세우기 시작했다. 학생 뉴스 잡지 《독사》는 거대한 반전反戰 리스트서브listserv*를 만들어 활용했고 모스크바 공감은 자신들의 새로운 유튜브 채널의 구독자가 한 달 만에 50만 명이 모였다고 밝혔다.

또한 러시아 사람들은 러시아 당국의 검열과 러시아인들의 인스타그램과 페이스북 접속을 차단한 서방의 제재 모두를 극복해야 했다. 결국 이런 방해물들을 우회하기 위해 수백만의 러시아인이 가상사설망VPN을 다운받았다. 또한 검열받지 않는 뉴스를 유통하는 데 텔레그램 메신저Telegram Messenger가 결정적인 수단이 되었다.

우크라이나에서의 검열

우크라이나는 친러시아 정부가 집권했을 때는 반러시아 언론

---

*   다수의 구독자에게 특정 주제에 대한 내용을 이메일로 보낼 수 있는 프로그램.

매체를, 반대일 경우에는 친러시아 매체를 탄압했다. 돈바스와 크림반도의 분쟁을 취재하는 언론인에게 우크라이나는 위험한 곳이었다.

먼저 2014년 친서방 정부가 집권하고 돈바스에서의 전투가 시작되며 우크라이나 정부는 "전쟁과 종족 간 혐오, 헌법 질서나 우크라이나 영토의 무결성에 대한 폭력적인 변화를 선동한" 혐의로 리스트에 오른 웹사이트들을 폐쇄했다.

또한 2022년 침공으로 가는 과정에 우크라이나 정부는 뉴스원NewsOne, ZIK, 112우크라이나112 Ukraine, 퍼스트 인디펜던트First Independent, 우크라이브UkrLive와 같은 여러 친러시아 방송국의 송출을 중단시켰다. 또한 "친러시아 선전전"을 퍼트린 혐의를 받는 인터넷 신문인 《조국Strana.ua》을 폐쇄했다. 또한 우크라이나에 대한 정보전에 참여했을 것으로 추정된다는 이유로 프콘탁테VKontakte, 오드노클라스니키Odnoklassniki, 얀덱스Yandex, 메일루Mail.Ru와 같은 유명 러시아 웹사이트들의 접속도 차단되었다.**

빠르게 사라진 언론의 전쟁 광기

젤렌스키 대통령은 2022년 5월 말 세계경제포럼World Economic

** 카카오톡이나 네이버처럼 러시아와 구소련 국가들에서 많이 사용되는 소셜미디어 플랫폼 및 검색엔진들.

Forum 중 진행한 한 인터뷰에서 "우리의 임무는 세계가 이 전쟁에 피로해지지 않도록 만드는 것이다"라고 경고했다.

그러나 예상할 수 있는 것처럼 개전 후 100일 정도가 지나면서 직접 연루되지 않은 사람들에게 전쟁의 피로가 번지기 시작했다. 미국에서 전쟁 이야기는 텔레비전 화면에서 빠르게 사라지고 인플레이션이 정치권의 뜨거운 감자로 떠올라 우크라이나 뉴스를 대체했다. 전쟁 초기 워싱턴의 화려한 거울의 방 안에서 느끼던 승리에 대한 자신감은 점점 우크라이나가 결국 협상 테이블에서 양보해야 한다는 좀 더 냉정한 분석과 인식에 자리를 내주고 있었다.

유럽의 경우 대다수 정부의 공식 입장과 대중의 감정 사이의 간극이 점점 악화하고 있었다. 러시아가 패배할 때까지 혹은 우크라이나가 완전히 파멸할 때까지 반드시 우크라이나가 전쟁을 지속하도록 만들어야 한다고 생각하는 사람들보다 현실적 조건 속에서 전쟁을 빠르게 끝내길 원하는 입장이 점점 더 대세가 되어가고 있었다.

2022년 5월 유럽외교협회의 조사는 유럽의 분열이 심각해지고 있음을 보여주었다. 압도적 다수는 러시아가 분쟁의 책임이 있고 평화의 가장 큰 방해물이라고 생각했다. 그런데 조사의 흥미로운 점은 응답자의 35퍼센트는 우크라이나가 러시아에 영토를 양보하더라도 분쟁을 끝내길 원했고, 22퍼센트만이 전쟁이 지연되더라도 러시아가 전쟁 도발에 대한 응징을 받아야 한다고 답변했다는 것이다.

응답자의 60퍼센트는 전쟁으로 인해 유럽연합의 상황이 악화할 것이라고 응답했고, 최전방 국가인 루마니아와 폴란드의 과반수를 포함한 다수의 응답자는 자신들의 정부가 다른 긴급한 국내 문제를 희생시키며 지나치게 전쟁에만 몰두하고 있다고 대답했다. 한편 군비 증강을 지지한 곳은 폴란드와 독일, 스웨덴, 핀란드뿐이었다. 2022년 2월 유럽인들을 결집시키는 구호로 시작된 우크라이나 지지 문제는 점점 국가 간에도, 국내적으로도 분열을 일으키는 정치적 쟁점으로 비화하고 있었다.

침공에 반대한 러시아인들

침공 첫 주부터 러시아인들은 거리 시위로 침공에 반대를 표명했다. 3월 6일 수천 명이 60개가 넘는 도시에서 조직된 행동의 날에 참여했다. 러시아 인권 단체인 OVD인포 OVD-Info에 따르면 경찰은 4300명 이상을 체포하며 이들을 탄압했다.

침공 후 한 달간 시위가 지속되었고 경찰의 체포도 계속되었다. 인터넷에는 시위자들을 구타하고, 전쟁기념관에서 헌화하는 여성들을 체포하며, 우크라이나 대사관 앞에서 '전쟁 반대' 피켓을 든 초등학생들을 구금하는 경찰이 찍힌 영상들이 퍼졌다. 가장 황당한 영상은 백지 피켓을 든 사람들을 체포하는 영상이었다. 시위 참가자 대부분은 "러시아군의 작전에 대한 명예훼손" 혐의로 단순 벌금을 선고받았으나, 1년 안에 다시 체포될 경우 실형을 살 수 있었다.

모든 시위가 평화롭지는 않았는데, 일부 시위의 경우 학생 참가자들이 경찰에 화염병을 던져 2년 형을 선고받기도 했다.

OVD인포의 보고에 따르면 전쟁 후 처음 한 달간 1만 5000명 이상의 시위대가 구금되었다. 정부는 3월 말 시위대를 수년 형에 처하게 할 수 있는 법을 통과시켰고 대중 시위는 대체로 사그라졌다.

전쟁을 비판하는 이들은 반대 의사를 표명할 수 있는 다른 방식들을 찾았다. 이들은 전단을 뿌리고, 그래피티를 그리며 우크라이나 국기 색의 옷을 입었다. 또한 옷과 가방과 차에 저항을 상징하는 녹색 리본을 달았고, 러시아 국기에서 빨간색은 피를 상징할 수 있다면서 파란색과 흰색만 있는 러시아 국기를 달았다.

사람들은 청원과 공개서한을 돌렸다. 전쟁 개시일에 시작된 한 온라인 청원은 1주일 만에 100만 명의 서명을 받았다. 브이로거 유리 더드Yury Dud는 후세를 위해 "나는 이 정권을 선택하지 않았고 정권의 제국주의적 흥분을 지지하지 않는다"라고 기록해두고 싶었다는 내용의 포스팅에 100만 개의 '좋아요'를 받기도 했다.

의료 종사자와 교사, 건축가, 과학자, 언론인, 지방 의회 등 사회 전 분야에서 우크라이나 인민에 대한 연대와 유감을 표명하는 서한이 쏟아졌다. 팝 스타와 텔레비전 진행자, 코미디언부터 배우까지 많은 유명인이 자신의 커리어를 걸고 공개적으로 전쟁에 반대했고, 피겨 스케이팅 챔피언과 체스 선수, 아이스하키 스타들도 한목소리를 냈다. 테니스 챔피언인 다닐 메드베데프Daniil Medvedev와 안드레이 루블료프Andrey Rublev 역시 목소리를 냈는데, 특히 루블료프는 경기에서 이긴 후 촬영 중인 카메라 렌즈에 "제발 전쟁을 멈추라"라고 적었다.

러시아 외무부 산하의 모스크바 국립 국제관계 대학교 소속 학생과 교직원 1000명 이상이 "미래 외교관들은 수 세대에 걸쳐 국내에서는 신뢰를, 우리 이웃들과는 잃어버린 선의의 관계를 복원해야 할 것이다"라며 외교보다 무력을 앞세우는 이들을 비난하는 공개서한에 서명했다.

또한 전투를 거부한 군인들도 있었다. 인권 구호 단체인 아고라Agora의 설립자인 파벨 치코브Pavel Chikov 변호사에 따르면 군 병력과 최소 일곱 개 지역의 국가근위대National Guard 병력 1000명 이상이 우크라이나로 동원되는 것을 거부했다. 이들 중 상당수는 이미 한 차례 우크라이나 파견을 마쳤고, 다시 파견되는 데 거부 의사를 표한 것이었다.

이들 중 일부는 강제 전역을 당했으나 러시아 정부는 이들을 군사 법정에 세울 수 없었다. 군인들을 전투에 강제 동원하기 위해서는 러시아군의 규정에 따라 국가가 전쟁 중이어야 하기 때문이다. 러시아 정부에 따르면 우크라이나 갈등은 전쟁이 아니라 "특별 군사작전"이므로, 병사들을 강제로 배치할 수 없다. 하지만 휴가 없이 부재중이거나 탈영했다는 이유로 징역형을 선고받은 병사들도 있었다.

한편 자신의 자리를 걸고 전쟁에 반대하는 목소리를 낸 정치인은 거의 없었지만, 한 줌의 이들은 있었다. 푸틴의 오랜 고문이자 기후 특사인 아나톨리 추바이스Anatoly Chubais는 전쟁에 대한 항의로 사임하며 러시아를 떠났고, 유엔 제네바 사무국 러시아 대표부 소속의 보리스 본다레프Boris Bondarev 고문 역시 "외교관 경력 20년 동안 우리나라의 외교정책이 바뀌는 것을 여러 번 보았지만 올해 2월 24일만큼 내 조국이 부끄러웠던 적은 없다"라는 내용의 글을 쓰고 사임했다. 심지어 억만장자 미하일 프리드만Mikhail Fridman, 올레그 데리파스카Oleg Deripaska, 알렉세이 모르다쇼프Alexei Mordashov와 같은 러시아 최고 부호 몇몇도 이 유혈 사태를 빨리 끝내야 한다고 촉구했다.

또한 침공 2주 후 알렉세이 고리노프Alexey Gorinov 모스크바 구의회 의원은 구의회 회기 중 진심을 담은 발언을 했다. 그는 우크라이나의 아이들이 매일 죽어가고 있다며 러시아 시민사회의 노력은 "전쟁을 중단시키고 러시아 군대를 우크라이나에서 철수시키는 데 맞춰야 한다"라고 했다. 그는 이후 체포되었으며 2022년 7월 8일 모스크바 법원은 러시아 군대에 대한 '가짜 정보'를 퍼트린 혐의로 그에게 7년 형을 선고했다.

다른 이들은 발로 뛰어 항의했다. 러시아의 우크라이나 침공 후 3개월 동안 약 20만 명의 러시아인이 러시아를 떠난 것으로 추산된다. 이들 중 일부는 전쟁에 반대하는 발언으로 체포될 것을 우려했고, 일부는 군 병력이 고갈되고 푸틴이 전

국적인 동원령을 내릴 경우 강제 군복무를 하게 될 것을 걱정했다. 어떤 이들은 조국이 강고한 권위주의와 고립, 깊은 경제 위기로 점점 더 빠르게 빠져드는 상황이라고 느끼며 거기에서 도망치려 했다. 다수의 망명자가 국외에서 반전 의견을 계속 표명했다.

대다수가 여전히 전쟁을 지지하는 러시아

분명 상당수의 용기 있는 비판자들이 있었지만 이들은 소수였다. 대다수 러시아인은 푸틴과 무력 침공 모두를 지지했다.

미국 싱크탱크인 시카고국제문제연구소Chicago Council와 러시아의 가장 저명한 독립 여론조사 기관인 레바다센터Levada Center가 2022년 3월 러시아에서 수행한 여론조사에 따르면 러시아 국민 81퍼센트가 전쟁을 지지했다(53퍼센트가 매우 지지, 28퍼센트가 다소 지지, 14퍼센트가 반대, 6퍼센트는 응답 거부). 이후 5월에 실시한 동일한 조사에서 전쟁 지지 여론은 77퍼센트로 다소 감소했다.

연구자들은 이러한 압도적인 지지가 국영 언론 매체의 메시지 정치, 전쟁의 결집 효과, 그리고 최소 2014년부터 이어진 서방의 개입 동기에 대한 러시아인들의 불신에 기인한 것으로 분석했다.

독립적인 출처의 뉴스에 의존한 러시아인들과 비교해 주

로 텔레비전처럼 정부가 통제하는 뉴스를 소비하는 사람들이 훨씬 더 전쟁을 지지하는 경향이 있었고, 이들의 비율은 45 대 60이었다.

한편 서방에서 푸틴 대통령을 미친 독재자로 묘사하는 반면 그의 국내 지지율은 치솟았다. 2022년 3월 조사에서 푸틴의 지지도는 2014년 이후 최고조에 달했다(87퍼센트가 우호적).

물론 이러한 수치가 대중의 분위기를 정확하게 반영하지는 않을 것이다. 매우 강화된 검열과 법적 제약으로 인해 러시아인들이 제대로 의사 표명하기를 꺼렸을 수 있다. 그러나 전쟁 시기에 사람들이 군과 지도자 주변으로 결집하기 쉬운 것 역시 사실이다. 한편 전쟁이 지속될수록 점점 더 많은 군인이 사망하고 더 많은 일반인이 경제적 압박을 느끼며 그러한 지지는 점점 시들 수밖에 없다.

6 장

서방의 러시아 제재와
그 결과

2022년 2월 24일 러시아의 침공 직후 서방에서는 러시아 정부만이 아니라 러시아 국민, 러시아 음식, 러시아 문화, 심지어 러시아어에 대해서까지 반러시아 감정의 폭포가 분출되었다. 〈NBC 뉴스NBC News〉는 미국 전역의 러시아 식당들이 공격받아 파손되고 협박에 시달렸다고 보도했다. 샌디에이고 시내에 있는 푸시킨Pushkin이라는 이름의 식당 점주는 두 차례의 식당 폭발 위협을 포함해 약 20차례나 혐오 전화를 받았다고 밝혔다. 캐나다의 온타리오 주정부는 보드카 같은 모든 러시아 제품의 판매 중지를 명령하고 제품을 판매대에서 철수시켰다.

예술가나 운동선수, 교수, 작가 등 많은 무고한 이들이 직업을 잃거나, 공식적으로 푸틴을 규탄하지 않았다는 이유로, 어떤 경우는 단순히 러시아인이라는 이유만으로 비난의 대상이 되었다. 운동선수들은 2022년 3월 패럴림픽에 출전하는 것을 금지당했다. 피파FIFA는 월드컵에서 러시아 국가대표의 출전을 유예했고, 유럽 챔피언스리그 결승전 장소는 상트페테르부르크에서 파리로 변경되었다. 심지어 고양이들도 피해를 보았는데, 국제고양이연맹International Feline Federation은 러시아 집사의 고양이는 자신들의 고양이쇼에 참가할 수 없다고 선언했다.

또한 여러 문화 행사 역시 중단되고 있다. 전설적인 볼쇼이 발레단의 마드리드 왕립극장 공연부터 러시아의 침공을 비판해 상당한 위험을 감수한 20세 러시아 피아니스트 알렉산드르 말로페예프Alexander Malofeev의 몬트리올 교향악단 초청 공연까지 취소되었다. 영국의 카디프 필하모닉 관현악단은 1893년 사망한 러시아 거장인 차이콥스키Pyotr Il'ich Tchaikovsky 공연을 취소했다. 한편 칸 영화제는 러시아 영화를 금지했고, 넷플릭스는 역사상 가장 저명한 평화주의자 중 한 명인 레프 톨스토이Leo Tolstoy의 작품인 《안나 카레니나》의 드라마화를 중단했다.

대학에서는 도스토옙스키Fyodor Mikhailovich Dostoevsky와 같은 러시아 문호에 대한 수업이 취소되었는데, 미국 컬럼비아 대학교의 하미드 다바시Hamid Dabashi 교수는 이것이 터무니없는 조치라고 규탄했다. "미국과 유럽의 동맹국들이 아프가니스탄과 이라크에서 자신의 야만성을 시전했을 때 우리는 마크 트웨인Mark Twain이나 토니 모리슨Toni Morrison, 프란츠 카프카Franz Kafka, 찰스 디킨스Charles Dickens, 제인 오스틴Jane Austen과 같은 작가들을 읽는 것을 중단하지 않았다. 러시아가 우크라이나에서 똑같은 짓을 했을지라도 우리는 톨스토이나 이반 투르게네프Ivan Turgenev나 니콜라이 고골Nikolai Gogol 같은 러시아 문호들의 글을 읽는 것을 멈추지 않을 것이다."

이러한 러시아혐오 움직임보다 더 중대한 것은 러시아 정부와 러시아 국민을 대상으로 한 서방 국가들의 6000건 이상의 제재 조치다.

서방의 대러시아 제재 체제는 역사상 가장 공격적인 조치 중 하나다. 제제 참여국은 미국, 유럽 국가들, 나토 회원국들로, 그 숫자는 상대적으로 적지만 이들은 세계 경제의 상당 부분을 차지한다. 미국 관료들은 미국과 서방 동맹국들이 전 세계 GDP의 50퍼센트 이상을 차지하는 반면, 중국과 러시아는 20퍼센트 미만 수준이라는 것을 강조한다.

또한 서방 국가들은 스위프트SWIFT* 결제망을 통제하고 있다. 러시아 은행들이 스위프트 결제망에서 퇴출되면서 국제

---

* Society for Worldwide Interbank Financial Telecommunication의 약어로, 벨기에에 본사를 둔 국제 은행 간 통신 협회.

금융 시스템에서 배제되었고 국제적으로 손발이 묶였다.

제재는 즉각적으로 효과를 발휘해, 루블화와 러시아 주식 시장이 나락으로 떨어졌다. 그러나 러시아 정부는 빠르게 재정 위기에 대응했고, 다방면에서 준비되어 있었다. 2014년 크림반도 합병 이후 미국과 유럽이 러시아에 각종 제재를 시행한 이후 러시아 정부는 가령 6400억 달러의 외환 보유액을 확보하고, 이를 러시아 국내 은행과 중국, 프랑스, 일본 등의 국외 은행에 비축해두는 등 러시아 경제가 제재에 견딜 수 있게 조치를 해뒀기 때문이다(미국에는 상대적으로 적은 액수인 380억 달러만 예금해두었다).

이러한 외환 보유액을 확보해둔 것은 당연히 루블화를 부양하고 인플레이션을 피하기 위해서였다. 하지만 우크라이나 침공 이후 러시아의 외환 보유액 중 총 3500억 달러를 맡고 있던 7개국은 이 돈을 동결해버렸고 이 돈을 우크라이나 재건 비용으로 전용할 것을 검토했다. 러시아는 이를 "명백한 도둑질"이라고 주장하며 동결 해제를 요구하는 소송을 제기했으나 그동안 이 자금이 러시아 경제를 안정화하는 데 이용될 수 없었다.

루블화의 가치 하락을 막기 위해 러시아 중앙은행은 일시적으로 금리를 20퍼센트로 인상하고 자본 도피를 제한하는 규제를 강화하는 등 강력한 조치를 취했다. 또한 수출 기업이나 해외에서 사업하는 러시아 기업이 외환 수익의 80퍼센트를 루블화로 환전하도록 강제했고, 정부는 러시아 국민의 해외송금 가능액이나 외화 계좌에서의 출금 가능액을 규제했다.

러시아의 국제 금융 접근권을 제한하는 것과 더불어 러시아 제재의 주요 타깃은 러시아의 에너지 수출이었다. 전쟁 전 러시아는 자국 원유의 절반가량을 유럽에 판매하고 있었다. 유럽이 러시아산 원유 수입을 대폭 삭감할 계속을 세우자 러시아는 특히 중국과 인도 쪽으로 에너지 수출 재조정을 시도했다.

역설적으로 러시아의 침공으로 인해 일시적으로 러시아의 에너지 수출이 줄어들며 에너지 시장이 요동쳤고, 그 영향으로 에너지 가격이 상승해 러시아를 포함한 주요 석유 생산국이 더 큰 혜택을 보게 되었다. 결과적으로 러시아는 더 적은 에너지를 판매하고 더 많은 이익을 보았다. 세계의 많은 부분이 수입 화석연료에 의존하는 상황에서 러시아가 거둔 뜻밖의 횡재는 러시아와 같은 주요 석유 및 가스 생산국을 처벌하는 것이 얼마나 어려운가를 잘 보여준다.

러시아 정부가 취한 조치로 루블화는 곧 안정화되어 전쟁 이전보다 훨씬 강세를 보이며 거래되었다. 침공 두 달 후 푸틴은 "경제 공세 전략은 실패했다"라고 의기양양하게 선언했다. 동시에 바이든 대통령과 서방 정상들은 그들의 제재가 "러시아 경제를 초토화"하고 있고 "러시아의 힘을 빼고" 있다는 반대의 주장을 펼쳤다.

사실 진실은 그 사이 어딘가에 있었다. 상당 비율의 러시아 노동자들은 정부가 고용하므로 이들의 직업은 안정적이었다. 가스와 석유 수출로 인한 정부 수입의 호조는 민간 부문의 고용 유지를 위한 인센티브 수단을 제공했다. 또한 정부는 큰 폭의 연금 인상과 최저임금 인상을 용인했다.

그러나 안전망 확대를 위한 러시아 정부의 노력에도 불구하고 다수의 평범한 러시아인들은 소득 감소와 동시에 실업률 및 재화와 서비스의 가격 상승을 겪었다. 러시아 재무부는 2022년 러시아의 GDP가 8.8퍼센트가량 하락하고 인플레이션은 20퍼센트를 넘길 것으로 예측했다.

한편 거의 1000개의 사기업이 러시아에서 철수했는데, 맥도날드도 그중 하나였다. 맥도날드는 1990년 성대한 환영 속에서 개점 첫날에만 버거 3만 4000개를 팔며 러시아의 첫 매장을 열었다. 30여 년 후 6만 명의 직원을 둔 850개의 맥도날드 매장이 11개의 러시아 표준시간대에 걸쳐 영업 중이었으나 러시아 탱크가 우크라이나에 진입한 즉시 맥도날드는 러시아 회사에 사업을 매각하고 철수했다.

동맥경화를 일으키는 맥도날드의 감자튀김, 스타벅스의 비싼 라떼, H&M의 저렴한 옷을 사지 못하는 것보다 더 중요한 문제는 주요 수입품에 대한 제한이었다. 러시아가 소비재뿐만 아니라 러시아 국내에서 제조 및 판매를 하는 상품의 원료까지도 얼마나 많이 수입 상품에 의존해왔는지가 제재를 통해 드러났기 때문이다.

러시아 중앙은행의 2021년 보고서에 따르면 65퍼센트의 지방 기업은 제품 제조용 수입이 필요했다. 자재 수입의 부족은 생산 속도의 둔화를 의미하며, 이는 피고용인의 정리해고로 이어졌다. 러시아는 빠른 대체 공급망 확보를 통해 창의적으로 문제에 대응했으나, 빈번하게 고비용과 품질의 하락을 감수해야 했다.

특히 러시아 항공사들이 심각한 영향을 받았다. 러시아 민항기의 80퍼센트는 주로 에어버스Airbus나 보잉Boeing이 제조한 수입 항공기였는데, 두 회사 모두 러시아와 사업을 중단하게 되면서 부품이나 정비, 기술 지원도 중단되었다. 결과적으로 항공기 운항이 어려워졌고 러시아의 국내선 항공편이 크게 줄었다.

한편 외국 차량 제조업체들이 러시아 내 공장을 폐쇄하고, 부품 부족으로 러시아 국내에서 차량 생산이 제대로 이루어지지 못해 자동차 생산 또한 급격히 줄었다. 또한 마이크로칩 같은 핵심 부품의 부족은 무기나 전투기, 탱크의 생산에 영향을 미칠 것으로 예상되었다.

또한 서방의 제재는 러시아 정부 관료나 이들의 가족, 러시아 하원인 두마Duma 의원 여럿 등 개인을 타격했다. 러시아 정권과 밀접한 관계를 맺고 있는 부호들도 제재 대상에 올랐다. 바이든 대통령과 서방 정상들은 러시아 올리가르히들의 초호화 요트와 저택을 압류해 현금화한 돈을 우크라이나 재건에 사용하겠다고 발표하며 이러한 내용을 선전전으로 활용했다.

바이든 대통령은 2022년 국정 연설을 통해 "러시아의 폭력적인 정권으로부터 수십억 달러를 사취한 올리가르히들과 부패한 지도자들에게 더 이상은 안 된다고 선언합니다. 우리는 유럽 동맹국들과 함께 당신들의 요트와 호화 주택과 전용기를 찾아서 압류할 것입니다. 우리는 당신들의 더러운 재산을 그대로 두지 않을 것입니다"라고 경고했다.'

심지어 미국 법무부는 바이든의 경고를 현실화하기 위해 '도둑 잡기 KleptoCapture'라고 이름 붙인 관계 부처 합동 특별 태스크포스를 창설했다. 그러나 이들 갑부 중 다수는 이미 자신들의 지주회사 소유권을 양도하고 초호화 요트를 러시아의 안전한 항구로 이동시킨 후였다. 한편 다른 자산에 대한 몰수 조치는 정당한 절차 없이 재산 압류를 금하는 국내법과 상충해 수년간 질질 끌 가능성이 높은 법적 분쟁을 촉발하기 쉽다.

러시아 제재가 유럽에 미친 영향

러시아 요트들의 최종 도착지가 어디가 되든 서방의 제재로부터 진정한 고통을 겪는 이들은 억만장자들이 아니라 평범한 러시아인들, 특히 이들 중 가장 취약한 계층이었다. 서방의 정치인들은 러시아의 인민에게 고통을 주는 것에 대해서는 거의 우려를 표명하지 않았지만, 자국의 국민이 받을 영향에 대해서는 우려했다. 미국의 경우 제재로 인해 식료품과 주유소 휘발유 가격이 상승해 선거를 치르는 해에 대중의 불만을 부채질했다.*

유럽에서의 영향은 훨씬 더 심각했다. 미국은 러시아산 석탄이나 가스를 전혀 수입하지 않았고 석유는 아주 소량(2021년 수입량의 3퍼센트)만 수입했으나, 유럽은 러시아 원료의 주요 수입국이었다. 전쟁을 통해 유럽이 얼마나 깊이 러시아산 에너지에 의존하는지가 드러났다.

유럽 정상들은 계속 러시아로부터 석유, 가스 및 석탄을 수입한다면, 사실상 러시아의 침략에 지원금을 주고 있는 격임을 인식했다. 전쟁 개시 10주 후 유럽연합의 고위 외교관인 주제프 보렐Josep Borrell은 유럽연합이 우크라이나 방어를 위해 10억 달러를 지원하는 것이 관대하게 보이지만, 이는 유럽이 러시아에 에너지 수입 비용으로 매일 지급하는 금액과 동일하다고 탄식했다.

이러한 인식으로 인해 유럽은 대안을 찾기 위해 정신없이 노력했다. 2022년 4월 5일 발표된 유럽의 첫 금지 품목은 러시아산 석탄이었다. 유럽은 이미 청정에너지 목표를 달성하기 위해 석탄 수입량이 2014년에서 2020년 사이 거의 50퍼센트가량 곤두박질치는 등 자발적으로 사용을 줄이고 있었기 때문에 석탄은 대체하기 가장 쉬운 연료였다. 또한 러시아산 석탄을 미국, 호주, 콜롬비아 등의 석탄으로 대체하기는 상대적

---

* 2022년 11월 8일 하원 의석 전체인 435석, 상원 의석 100석 중 35석과 39개 주지사 등 여러 지방직을 선출하는 중간 선거가 있었다. 2022년 중간 선거는 바이든 행정부에 대한 중간 평가에 해당했다.

으로 쉬웠다.

　반면 석유는 훨씬 더 어려운 문제였다. 유럽연합 국가들은 석유 수입의 26퍼센트를 러시아에 의존하고 있었다. 특히 슬로바키아는 석유 수입의 전부를, 헝가리는 58퍼센트를 러시아에 의존하는 등 동유럽과 중앙유럽의 수치는 더욱 높았다.

　헝가리가 유럽연합의 러시아 석유 수입 금지안에 거부권을 행사할 뜻을 비치자, 헝가리와 슬로바키아, 체코는 소련 시대에 지어진 거대한 드루즈바 송유관Druzhba pipeline을 통해 석유를 공급받는 절충안이 마련되었고, 유럽의 나머지 국가들에는 2022년 말에 금지 조치가 시행될 예정이었다. 이에 유럽 국가들은 아랍에미리트와 미국, 브라질, 서아프리카 등의 기업들과 빠르게 새로운 계약을 맺기 시작했다.

　러시아산 석유의 대안을 찾는 일도 난제지만 그건 천연가스에 비하면 아무것도 아니었다. 유럽은 가스 수입의 40퍼센트라는 막대한 부분을 러시아에 의존해왔는데, 가스는 석유보다 운송 비용이 더 들고, 대체할 수 있는 공급자는 적으며, 액화천연가스LNG를 하적下積하기 위해서는 특수 공법이 적용된 항만 시설이 필요하다. 국제에너지기구International Energy Agency, IEA 사무총장은 유럽이 앞으로 겨울 동안 가스 배급 제한을 해야 할 수도 있다고 경고했다.

　이러한 고통을 경감하기 위해 유럽연합은 러시아산 원료 수입을 2023년까지는 3분의 2로 감축하고 2027년까지 수입을 완전 금지하는 목표를 제시했다. 그런데 특히 독일은 이마

저도 받아들이기 난감한 상황이었는데 시점이 이보다 나쁠 수 없었다. 독일은 110억 달러를 투자해 빌트해 아래로 러시아와 독일 북동부를 연결하는 약 1220킬로미터 길이의 노르트스트림 2Nord Stream 2 가스관의 가동을 앞둔 상황이었기 때문이다.

러시아의 우크라이나 침공은 이 가스관 운명의 종말을 알리는 전조였고, 실제로 2022년 9월 발생한 일련의 의문스러운 폭발로 인해 가스관이 폭파되었다. 독일은 전체 계획을 유예해야 했고 주로 중동과 미국 등지에서 절실히 대체 공급자를 찾기 시작했다.

환경론자들은 녹색에너지 전환의 긴박성을 일깨울 수 있는 새로운 계기로 에너지 위기에 주목하기 시작했다. 에너지 가격 상승은 풍력과 태양열 발전에 대한 투자뿐만 아니라 에너지 효율에 대한 투자를 촉발했다. 그러나 단기적으로는 치솟는 에너지 가격과 수요에 편승해, 가동 중단이 곧 예정되었던 노후한 석탄 발전소와 핵 발전소의 가동이 계속되고 석유 시추와 생산이 증가하는 반대 효과가 발생했다.

하지만 무엇보다 이제 많은 국가가 에너지 독립을 국가 안보 과제로 인식하고 있으므로 장기적으로는 청정에너지에 대한 전례 없는 수준의 지출이 이루어질 가능성이 높다. 러시아의 침공 직후 독일 정부는 2030년까지 전력의 80퍼센트를 재생에너지로 확보할 것이라고 발표했는데 이는 이전의 목표였던 65퍼센트에서 증가한 수치다. 심지어 독일보다 러시아산 에너지 의존도가 높은 오스트리아는 재생에너지에 대한 새로운 보조금 정책을 발표했다. 에마뉘엘 마크롱 프랑스 대통령은 프랑스가 "가스와 석유, 석탄 발전을 폐기하는 첫 번째 주요 국가"가 될 것이라고 약속했다. 가장 석탄 소비가 높은 유럽 국가 중 하나인 폴란드 역시 해상풍력 개발에 대한 주요 투자를 단행했다.

에너지와 식량 가격 상승으로 곤경에 처한 빈곤국들

전쟁의 경제적 후과로 인한 고통은 미국과 유럽의 동맹국들만 받은 것이 아니었다. 전쟁은 전 세계에 경제적 충격파를 발산했다. 에너지 가격만이 아니라 식료품 가격도 큰 문제였다.

전쟁 전, 전 세계의 대다수 사람은 전 세계 밀 수입량의 40퍼센트가 러시아와 우크라이나에서 생산된다는 것, 러시아가 주요 비료 수출국이라는 것, 우크라이나가 전 세계 옥수수, 보리, 해바라기씨유의 주요 산지라는 것을 모르고 있었다.

우크라이나 곡물 생산은 농장과 저장고에 대한 폭격으로 인해 가로막혔다. 육상 운송은 위험해졌고 주요 농산물 수출 수단인 우크라이나의 항구는 완전히 폐쇄되었다. 우크라이나는 러시아의 봉쇄를 고발했고, 러시아는 우크라이나가 항구로 가는 길목에 지뢰를 매설했다고 비난했다. 러시아는 서방의 제재로 인해 곡물을 수출할 선박을 대절하는 데 어려움을 겪고 있다고 지적했다.

그 여파는 전 세계로 퍼져 나갔다. 영향을 받은 주요 지역은 중동과 아프리카였다. 아프리카 23개국은 자신들의 주요 식량 가운데 최소 한 품목의 절반 분량을 러시아와 우크라이나에서 수입하고 있었다. 수단, 이집트, 탄자니아, 에리트레아, 베냉 등은 자국 밀의 거의 전부(80퍼센트)를 러시아에서 수입했고, 알제리, 수단, 튀니지는 95퍼센트 이상의 해바라기씨유를 우크라이나에서 들여왔다. 게다가 아프리카 국가들은 이미 코로나19 팬데믹과 기후 재앙으로 인한 식량 위기를 겪고 있었다.

이런 재앙적 시나리오에 추가해야 할 요소가 하나 더 있었다. 바로 러시아산 비료 수출에 지장이 생기자 전 세계 비료 가격이 100~500퍼센트까지 상승한 것이다. 이에 따라 전 세계 농업 종사자들은 농작물의 영양분 공급을 줄일 수밖에 없었고 이로 인해 농작물 수확량은 더 줄어들었다. 한랭 기후 지역의 비닐하우스 사업자들이 난방 비용을 감당할 수 없게 되었을 때와 마찬가지로 수익을 낼 방법이 없었기 때문에 상당수의 농업 종사자들이 농사 자체를 포기했다.

이런 여파들이 모여 식량 공급은 줄어들고 비용은 상승했다. 안토니우 구테흐스Antônio Guterres 유엔 사무총장은 전쟁으로 인해 "수천만 명의 사람들이 식량 불안에 시달리게 되고 이는 영양실조, 기아, 대기근으로 이어져 수년 동안 지속될 수 있는 위기로 이들을 몰아넣을 수 있다"라고 경고했다.[2]

일부 국가에서는 식량 부족 문제가 기아 문제를 촉발할 것으로, 일부 국가에서는 정치적 불안을 촉발할 것으로 예상되었다. 머지않아 2011년 아랍의 봄과 같은 대중 봉기의 물결이 새롭게 일어날 것이라는 추측이 난무했다. 기본 식량의 가격 상승은 아르헨티나, 인도네시아, 그리스, 이란과 같이 이미 시위가 많은 국가의 시위 물결에 불을 지폈다.

유럽연합의 통합에 긴장을 낳고 외국인혐오적 민족주의 운동을 강화한 2015년과 2016년의 사태처럼,* 이번 식량 부족으로 인해 유럽으로 오는 난민이 증가할까봐 서방 지도자들은 전전긍긍하고 있었다.

비서구 세계의 관점

처음에는 세계의 대부분이 이런 재앙적 상황에 대한 책임을 러시아의 어깨에 직접 지울 준비가 되어 있는 것처럼 보였다. 불과 침공 1주일 후 유엔총회UN General Assembly는 압도적으로 러

---

* 이라크 전쟁과 아프가니스탄 전쟁의 폐해, 2011년 아랍 민주화운동과 리비아 내전 등으로 인해 난민들은 유럽으로 꾸준히 유입되어오다가 2015년 이슬람국가IS의 확대와 시리아 내전의 격화로 난민의 수가 폭증했다. 시리아, 이라크, 코소보, 아프가니스탄, 에리트레아 등 중동, 아프리카, 발칸반도 등에서 2015년 유럽으로 유입된 난민만 해도 130만 명에 달했다. 이는 헝가리가 난민을 금지하도록 헌법을 개정하는 등 유럽 정치의 극우화 바람으로 이어졌고, 영국의 브렉시트 등에도 영향을 미쳤다.

시아의 침공을 규탄하는 결의안을 통과시켰다. 결의안에 대해 193개국 중 141개국이 찬성했고, 오직 4개국(벨라루스, 북한, 에리트레아, 시리아)만이 러시아 편을 들었으며, 35개국은 기권했다.

대부분의 국가가 러시아 침공에 반대하는 표를 던졌으나 사실 기권한 국가들은 (중국, 인도, 파키스탄 같은 인구가 많은 국가를 포함해) 세계 인구의 대다수를 차지하는 나라들이다. 아프리카의 경우 16개국이 기권했는데, 남아프리카공화국을 포함한 아프리카 국가 다수는 러시아와 반식민지 투쟁 당시로 거슬러 올라가는 오래된 역사적 유대관계가 있다. 당시 소련이 아프리카의 자유의 투사들에게 군사훈련과 지원을 제공했기 때문이다.

2022년 4월 유엔총회는 이번에는 유엔 인권이사회Human Rights Council에서 러시아의 이사국 자격을 정지하는 안건을 투표로 통과시켰다. 투표 결과는 93개국 찬성, 24개국 반대, 58개국 기권이었다. 인권이사회 역사에서 이사국 자격을 정지한 것은 2011년 리비아 이후 이번이 두 번째였다.

이 투표에서 기권하거나 이사회 퇴출에 반대한 국가들은 러시아의 민간인 고문과 의도적 살상 의혹에 대한 유엔의 종합적인 조사가 진행되기 전에 조치를 취하는 것을 우려했다. 또한 미국과 사우디아라비아를 포함한 다수의 이사국 역시 이사국 자격 정지에 해당하는 범죄로 비난받을 소지가 있기 때문에 이들 국가는 이사회 업무를 정치화하는 선례를 남기

길 원하지 않았다.

2022년 G20의 의장국인 인도네시아는 러시아를 고립시키는 것은 비생산적이라고 주장하며 2022년 11월 발리에서 예정된 정상회담에 푸틴의 초청을 취소해야 한다는 압박을 거부했다. 자이르 보우소나루Jair Bolsonaro 브라질 대통령도 러시아가 G20과 국제통화기금, 세계은행World Bank 등의 국제 무대에 계속 참여해야 한다고 지지했다.

중동과 남아시아, 라틴아메리카, 아프리카의 많은 국가는 러시아가 국제 체제에서 단절되어야 한다는 주장에 동의하지 않았다. 이들은 우크라이나에서의 갈등을 거리를 둬야 하는 지역적 문제로 보거나 자신들이 한쪽 편을 들 이유가 없는 러시아와 서방 사이의 대리전으로 보았다.

이는 해당 국가들이 러시아의 행동을 지지한다는 것이 아니라 상당수의 국가들이 협상을 통한 합의를 도출하는 데 국제적 노력을 집중해야 한다고 믿는다는 의미다. 이들은 러시아를 고립시키고 약화시키는 기회로 전쟁을 이용하는 데 반대했다. 또한 이들은 공공연히 러시아를 비난하는 것은 긴장을 증가시키고 정치적 해결의 가능성을 낮추기만 한다고 믿었다.

2022년 9월 유엔총회에서 66개국 정상들은 전쟁을 종식시키기 위한 외교적 협상을 촉구했다. 이들은 전 세계 인구의 대다수를 대표하며, 여기에는 중국과 인도도 포함되어 있었다. 이들은 어느 한쪽 편을 들라는 압박을 거부했고, 전쟁 당사자들이 유엔 헌장의 원칙을 존중해 생각의 차이를 평화적으로 해결하라고 간곡히 요청했다. 수브라마냠 자이샨카르 Subrahmanyam Jaishankar 인도 외교장관은 인도가 이미 한쪽 편을 선택했다고 선언했다. 그는 "인도는 평화의 편이며 앞으로도 굳건히 그 자리를 지킬 것"이라고 말했다.

우크라이나 전쟁에 관해 도덕적으로 우월한 체하는 서방의 도식, 즉 선과 악, 민주주의 대 전제주의, 국제적 '규칙 기반의 질서'를 구한다는 도식은 남한과 일본 같은 서방의 충실한 동맹국에는 잘 작동할 것이다. 그러나 잔혹한 서방의 식민지 역사를 기억하고 아직까지 그 유산으로부터 고통받고 있는 남반구의 여러 곳에서 이러한 주장은 맥 빠진 소리로 들릴 뿐이다. 게다가 이들은 미국과 그 동맹국들이 여전히 다른 나라를 침공하고 살인마 독재자들과 친하게 지내는 것을 보아왔다. "너희들이 뭔데 국제 규칙을 존중하라고 말하는가?"라는 것이 이들이 관점이다.

또한 민주주의의 영광에 관한 바이든의 포교 활동 역시 다른 이유로 별로 설득력이 없었다. 전 세계가 미국 민주주의의 심각한 결함을 목격하는 시점이었기 때문이다. 모두가 미국에서 벌어진 2021년 1월 6일 국회의사당 점거 폭동[*]과

---

[*]   2020년 미국 대통령 선거의 부정 선거 음모론을 주장하던 도널드 트럼프 당시 대통령을 지지하는 극우파 폭도들이 제46대 대통령 당선자 조 바이든에 대한 연방 의회의 대통령 인준을 막기 위해 미국 국회의사당을 무력 점거했다가 진압된 사건.

2020년 대선 패배에 불복한 트럼프, 의회 기능의 마비, 부패한 금권 정치의 영향, 통제 불능의 총기 문화, 나라를 쪼개버릴 정도의 위협이 되는 극심한 분열을 보았다.

심지어 미국 정부의 후원을 받는 프리덤 하우스Freedom House*는 2022년 보고서에서 미국이 결함을 가진 자국의 민주주의를 먼저 고치지 않으면 국제적으로 민주적 가치를 주창하기는 어려울 것이라고 밝혔다.[3]

또한 많은 나라에서 미국이 전 세계에 제재를 가하고 제3자 정부와 기업에 복종을 강요해 경제력을 휘두르는 고압적인 방식에 불쾌함을 표했다. 인도와 파키스탄은 다른 핵 보유국에는 부과되지 않았으나 1998년 핵실험 이후 자신들에게만 부과된 미국의 제재를 기억하고 있다.** 미국은 좀 더 최근에는 러시아산 S-400 지대공 미사일 시스템을 구매했다는 이유만으로 튀르키예를 제재했다. 미국은 이란, 쿠바, 베네수엘라 같은 국가들에 수십 년간 가혹한 제재를 가해왔고 이런 경제적 괴롭힘에 동참하길 거부하는 국내외 기업에게는 막대한 벌금을 뜯어냈다.

---

* 1941년 뉴욕에서 설립된 비영리 민간 단체로, 주로 경제사회적 권리보다는 시민정치적 권리를 강조하는 보수 성향의 인권 단체.
** 인도와 파키스탄은 줄곧 카슈미르 영유권을 둘러싸고 대립했고, 여기에 1962년 분쟁에 개입해 인도를 제압한 중국이 1964년 핵 보유국이 되자, 둘 모두 비밀리에 핵 개발에 착수했다. 이후 1998년 5월 인도가 핵실험을 강행하자 같은 달 파키스탄도 핵실험을 강행했다. 둘 모두는 서방의 제재를 감수하고 핵실험을 강행했고 실질적인 핵 보유국이 되었다.

이제 미국은 러시아에도 동일한 전술을 사용하고 있다. 미국의 특사들이 세계를 돌아다니며 지지를 끌어내는 동시에 위협을 가하고 있다. 바이든 대통령의 국가안보 부보좌관인 달립 싱Daleep Singh은 러시아에 대한 제재를 약화하는 국가들은 경제적 대가를 치르게 될 것이라고 경고했으나, 이런 강압 전술은 해외의 지도자들에게 모욕감을 줄 뿐이다. 현재의 탈식민주의 세계하에서는 많은 국가들이 색 바랜 제국주의 강대국으로부터 지침을 받는 데 감사해하지 않는다. 이들은 자신의 지정학적·재정적 이해관계를 추구하고 선택지의 경중을 따져본다.

바이든 행정부는 유엔의 러시아 규탄 결의안에 기권하고 서방의 제재에 동참하길 거부한 인도에 대해 특히 유감스러워했다. 미국 관료들이 옆에 서서 방관만 하지 않고 모디Narendra Modi 정부를 설득할 수 있도록 여러 차례 뉴델리를 방문했으나 인도는 중립을 고집했다.

인도는 미국과 폭넓은 경제안보 관계를 맺고 있지만 동시에 1950년대 중반부터 모스크바 정부와 가까운 관계를 유지해왔으며 인도에게 러시아는 최대 무기 공급 국가다. 인도는 러시아의 우크라이나 침공 이후 미국의 압력에 굴복하지 않고 오히려 인하된 가격이라는 메리트를 이용해 러시아산 석유 수입을 두 배로 늘리며 러시아와의 무역을 늘렸다.

인도의 숙적인 파키스탄 역시 줄타기 외교를 해오고 있다. 파키스탄은 전쟁 전 우크라이나에서 밀의 40퍼센트를 수입하고 있었고 러시아와는 더 광범위한 무역 관계를 맺고 있었다. 치솟는 연료 가격으로 비축량이 고갈되는 상태에서 에너지 위기에 직면한 파키스탄이 미국을 무시하고 러시아산 천연가스 구매 계약을 맺은 것은 놀랄 일이 아니다. 파키스탄은 이런 무역 합의가 정치와는 무관하다며 선을 그었다. 자신들은 단지 "가장 유리한 조건을 추구"했을 뿐이라는 것이다.

한편 가장 놀라운 사실은 미국의 충실한 동맹인 이스라엘이 한쪽 편을 들지 않았다는 것이다. 이스라엘은 우크라이나와는 우호적 관계라, 우크라이나에 야전병원을 지어주고 100톤의 인도주의 구호품을 보낸 바 있다. 그러나 동시에 이스라엘에는 러시아 매체를 접하고 러시아에 가족을 둔 많은 수의 러시아 인구가 있다. 이스라엘은 시리아에서의 안보 협력을 위해 러시아와 좋은 관계를 유지할 필요가 있고 러시아는 이란핵합의의 당사국이기도 하다. 그러므로 이스라엘은 서방의 제재에 동참하지 않았고 대신 중재 역할을 자처했다.

최초의 평화협상이 몇 차례 논의되었던 곳인 튀르키예 역시 마찬가지였다. 튀르키예는 이미 자국이 경제위기 속에서 어려움을 겪고 있었고, 러시아에 대한 서방의 제재에 동참할 수 있는 처지가 아니었다.

심지어 고유가로 재미를 보던 미국의 우방국인 사우디아라비아와 아랍에미리트 역시 중립을 유지했고 침공 후 유가 상승을 완화하기 위해 원유 생산을 늘려달라는 미국 정부의 요청을 일축했다. 걸프만의 두 왕국이 러시아가 우크라이나에서 살상한 수보다 훨씬 더 많은 민간인을 예멘에서 살상했고, 주로 미국산 무기로 그렇게 했다는 점을 고려하면 바이든이 이들에게 애원한 것이 아이러니하기도 하다.

한편 이번 위기를 소극적으로 관망하는 가장 중요한 국가는 러시아와 서방 사이에서 중간 지대를 찾으려 한 중국이다. 중국은 러시아에 대한 제재를 반대하며 러시아산 원유 수입을 늘렸으나 중국 기업들은 대부분 달러화 기준의 은행 시스템과 국제 금융에 대한 접근권이 제한받을 것을 우려해 서방의 제재를 준수했다.

이렇듯 중국이 공식적으로 한쪽 편을 들지 않았음에도 불구하고 미국 바이든 행정부의 적대적 행동은 베이징과 모스크바를 더욱 밀착시켰다. 2022년 5월 아시아 순방에서 바이든은 중국이 대만을 침공하면 미국은 대만을 방어하기 위해 군사적 대응을 할 것이라고 선언했고, 이 발언은 중국으로부터 격렬한 반응을 불러일으켰다.

2022년 5월 앤터니 블링컨 미 국무장관은 우크라이나 전쟁이 계속 맹위를 떨치더라도 "우리는 계속 국제 질서에 대한 가장 중요한 장기적 도전에 집중할 것이다. 그것은 중화인민공화국이 제기하는 도전이다"라고 발언하며 중국을 더욱 자극했다. 미국의 위협에 직면한 중국은 러시아와의 동맹을 더욱 강화할 것으로 예상된다.

★★

결과적으로 서방의 러시아 제재를 종합적으로 평가하자면 이렇다. 러시아의 경제는 타격을 입고 있으며, 시간이 갈수록 평범한 러시아인들이 제재의 고통을 느낄 것이다. 그러나 이것이 제재가 정책 변화를 강제하는 도구로 잘 작동하고 있다는 뜻은 아니다.

러시아의 침공 전 바이든 행정부는 제재의 위협이 러시아의 우크라이나 침공을 억제할 수 있는 도구라고 규정했지만 러시아는 결국 침공을 감행했다. 바이든은 침공 후에는 제재의 목적이 "러시아에 고통을 가하고 우크라이나인들을 지원하는 것"이라고 재규정했다. 그러나 제재는 러시아의 탱크와 포탄이 우크라이나를 파괴하는 것을 막을 수 없으며, 그 대신 전 세계 수백만의 취약층뿐만 아니라 수백만의 러시아인에게 고통을 가하고 있다. 이들은 모두 무고한 희생자일 뿐, 이 분쟁에 아무런 책임도 없다.

7 장

핵무기 카드를 만지작거리며

전쟁이 시작된 지 불과 며칠이 지난 후 푸틴 대통령은 러시아의 핵무기 운용 부대에 경계 태세를 명령하며 새로운 차원의 위험을 더했고, 이는 미국과 나토 정책의 중심에 자리한 심각한 모순을 부각시켰다. 전쟁의 목표는 기본적으로 '승리'다. 그러나 분쟁의 반대 당사자가 실존적 위협에 직면해 핵무기 사용을 기도한다면 이때 승리라는 게 대체 무슨 의미란 말인가.

미국과 러시아가 전 세계 핵무기 1만 4000발 중 거의 1만 3000발을 보유하고 있다는 사실 때문에 미국-나토가 러시아와 벌이는 대리전은 이전의 어떤 전쟁과도 다를 뿐만 아니라 더 위험하다고 할 수 있다. 핵전쟁은 인류가 맞닥뜨린 가장 재앙적인 실존적 위협이며 우크라이나 전쟁은 미국과 러시아를 핵전쟁으로 비화할지도 모르는 직접적 충돌 직전으로 몰아가고 있다.

1945년 일본의 히로시마와 나가사키를 파괴한 핵무기의 첫 사용 이후, 냉전은 위험한 핵 교착 상태에 놓였다. 이는 미국과 소련의 지도자 모두 상대방이 핵무기를 사용하기 전에 상대의 핵무기를 파괴하려 했으므로 어떤 종류의 핵무기 사용이든 빠르게 '상호 확증 파괴mutually assured destruction'로 이어질 수 있다는 것을 절실히 인식하고 있었기 때문이다. 이에 따라 다가오는 적의 공격이 감지되자마자 압도적인 반격을 개시하는 것이 미국과 소련의 기본 정책이 되었고, 그로 인한 '공포의 균형balance of terror'은 양측이 다시는 단 한 기의 핵무기도 사용하지 못하도록 만들었다.

심지어 우발적인 핵무기 발사도 막대한 보복이나 인류 문명을 끝장낼 전쟁으로 이어질 수 있고, 세계는 여러 차례 그러한 운명을 겨우 피해왔다. 1980년대에 과학자들은 수백 기의 핵폭발이 일어나는 제한적인 핵전쟁으로도 태양이 수년간 가려져 지구적인 가뭄과 기아가 발생할 수 있다는 것을 깨달았다. 그러한 예측은 '핵겨울'이라는 이름으로 알려졌고, 핵무기 사용에 대한 더 큰 억지력을 제공했다.

냉전 기간에 핵무기는 최고 7만 발에서 점점 줄어들었고 여러 조약이 체결되었다. 특히 고르바초프 소련 대통령이 바르샤바조약기구를 해체하며 핵전쟁의 공포가 가라앉았다. 그러나 과거 위험을 관리하고 핵전쟁을 예방하기 위해 고안된 많은 조약과 보호 장치가 클린턴, 부시, 오바마, 트럼프 정부에 의해 해체되었기 때문에 현재 미국과 러시아 사이에 냉전이 부활하는 것은 과거 어느 때보다 더 위험할 수 있다.

푸틴 대통령은 2020년 6월 법령을 통해 핵무기 사용에 대한 러시아의 정책을 아래와 같이 정의했다. "러시아 연방은 러시아 연방 혹은 그 동맹에 대한 핵무기나 여타 대량 살상 무기 사용에 대응해 …… 그리고 러시아 연방에 대한 재래식 무기를 사용한 도발로 인해 국가의 존립이 위협받을 경우 핵무기를 사용할 권리를 보유한다."

사실 이는 미국이 2018년 〈핵 태세 검토 보고서Nuclear Posture Review〉에서 핵무기 사용을 위해 설정한 기준보다 더 명시적이고 좁은 기준이다.

이 문서에서 미국 정부는 "미국과 동맹국, 협력국의 사활적 이익을 지키기 위한 극한의 상황에서만" 핵무기를 사용하며, "중대한 비핵non-nuclear 공격"에 대해서도 핵으로 대응할 수 있다고 설명한다. 보고서는 중대한 비핵 공격에 어떠한 유형이 포함될 수 있는지 예시를 들고 있지만, 그와 동시에 열거한 공격 유형만으로 "제한되지 않는다"라고 명시하며 실질적으로 나토나 태평양 동맹국들의 "사활적 이익을 지키기 위한" 상황을 포함하면서 미국의 선제 핵 공격에 대한 제한을 완전히 없애버렸다.

그러나 러시아의 정책도 상당한 해석의 여지를 남기는데, 어떤 시점에 러시아 국경에서 전쟁의 강도가 심화되어 국가의 존립이 위협받는 상황에 놓이게 되는지 판단하는 것은 푸틴과 러시아 지도자들에게 달려 있다.

설상가상 12 대 1이라는 미국과 러시아 군비 지출 불균형으로 인해 러시아의 재래식 군사력이 미국의 그것보다 더 제한적이기 때문에, 의도했든 아니든 러시아의 위기 상황에서 핵무기에 대한 의존을 증가시키는 효과도 있다.[1]

중단기적으로는 러시아가 인접한 우크라이나에 대한 확전우위를 가지고 있지만, 장기전이 될수록 미국과 나토는 군사 충돌에 투입할 재래식 무기와 병력을 확보할 시간을 가질 수 있고, 비교 가능한 모든 상황 속에서 미국보다 러시아의 재래식 군사 선택지들이 더 일찍 고갈될 것이다.

우크라이나 침공 얼마 후 스콧 베리어Scott Berrier 미국 국방정보국 국장은 의회 보고서에서 러시아의 핵무기 원칙을 자세히 설명했다. 베리어 중장은 (답답한 펜타곤 언어로) 러시아의 원칙이 "러시아의 적으로 하여금 출구전략이나 협상을 추구하도록 강제해 러시아에 우호적인 조건에서 갈등을 종결시키거나, 혹은 재래식 군사력을 통한 러시아의 공격 상황이 역전될 것처럼 보이거나 분쟁이 지연될 것으로 보일 때 다른 참가국들의 개입을 단념시킬 수 있는 비전략 전술 핵무기의 사용"을 포함한다고 했다.[2]

'전술' 핵무기는 도시 전체를 파괴할 수 있는 '전략' 핵무기와는 다르게, 전장에서 사용하기 위해 고안된 핵무기다. 미국과 소련 모두 1950년대에 개발한 전술 핵무기는 여전히 미국과 러시아 무기 체계의 일부를 이루며, 전술 핵무기는 전략 핵무기보다 화력이 약하지만 그 사용의 효과는 파멸적일 수 있다.

전술 핵무기가 전면적 핵전쟁으로 이어질 확전의 연쇄를 촉발하지 않고 사용될 수 있는지에 대해서는 전문가들 사이에서도 이견이 존재한다. 그러나 전술 핵무기의 사용은 최소한 중대한 실존적 위협을 수반할 것이다.

윌리엄 번스 미 중앙정보국 국장은 2022년 4월 14일 강연에서 이러한 위협에 대한 무사안일주의를 경고했다. 번스 국장은 "푸틴과 러시아 지휘부의 잠재적인 자포자기 상황과 그들이 군사적으로 직면한 곤란을 고려할 때, 이들이 잠재적으로 전술 핵무기나 저출력 핵무기에 의존할 수 있다는 위협은 우리 중 누구도 가벼이 여길 수 없다"라고 말했다.[3]

수백만 명의 목숨을 두고 벌이는 체스 게임

러시아는 나토가 점진적으로 우크라이나 군대를 나토군 수준으로 무장 및 훈련을 한다면 자신들의 군사적 우위는 향후 감소하기만 할 것이라는 계산에서 우크라이나 침공을 결정한

듯 보인다. 그러므로 자신들이 여전히 공격에 성공할 수 있을 것이라고 확신했을 때 공격을 감행한 것이다.

만약 러시아가 우크라이나 전쟁에서 승기를 놓친다고 판단한다면, 핵무기의 사용에 관해서도 비슷한 결론에 도달할지도 모른다. "국가의 존립"이 임박한 위협에 처하지는 않더라도 러시아 지도자들은 핵무기를 바로 사용하거나 상황이 더 악화해 핵무기 사용의 이익이 더 클 때까지 기다렸다가 핵무기를 사용하는 선택지 사이에서 첨예한 결정을 해야 할지도 모른다.

러시아가 핵무기를 사용할 가능성에 대한 서방의 예상은 대부분 러시아 고위 관료들의 발언에 기초한다. 그런데 러시아가 핵무기를 사용할 정도로 궁지에 몰릴지는 상당 부분 서방의 정책에 달려 있다.

현재까지 서방 국가들이 추구한 정책은 러시아의 그러한 위기를 악화시킬 수 있다. 보리스 존슨 영국 총리 같은 서방의 지도자들과 미국의 지도자들이 우크라이나 지도자들과 푸틴이 협상하는 것을 저지하고 러시아에 최대한 압박을 유지하려 한다면, 그것은 러시아 지도자들을 우리가 앞에서 설명한 곤경으로 몰아넣고 전술 핵무기를 사용하도록 균형추를 기울게 만들 수도 있다.

러시아 입장에서 전술 핵무기의 사용이 평화를 추구하기 위해 적을 협상 테이블로 불러들이는 선택지라는 미 국방정보국의 평가는 서방의 적대 정책이 가진 이중적인 위험성을 선명히 드러낸다.

한편으로 서방 국가들은 우크라이나가 러시아와 협상을 거부하도록 부추기며, 베리어 미 국방정보국 국장이 언급한 것처럼, 러시아를 정확히 자신들의 전술 핵무기 사용 원칙이 천명하는 상황에 몰아넣었다. 그러므로 만약 서방 지도자들이 의도적으로 러시아의 옆구리를 찔러 전술 핵무기를 사용하게 하려는 것이라면, 그게 가장 확실한 방법일 것이다.

다른 한편으로 서방의 이러한 강압적인 정책이 시사하는 바는, 러시아가 실제로 전술 핵무기를 사용한다면 러시아를 절박한 상황으로 몰아넣은 바로 그 서방 지도자들은 협상에 더욱 반대하게 될 것이고 이는 추가적인 핵 위협의 가능성을 더욱 높일 뿐이라는 것이다.

심지어 서방의 일부 정치인들은 러시아가 핵무기 금기를 깨는 것을 자신들의 핵무기 사용의 가능성을 열어주는 것으로 볼지도 모른다. 이 경우 분명 나토는 러시아에 직접 군사적으로 개입하라는 심각한 압박을 받을 것이고, 그때는 이미 핵 전쟁이 시작했다고 봐야 한다.

핵무기의 제한적 사용이 상호 확증 파괴와 핵겨울로의 확대를 막을 수 없다는 가능성으로 인해 '핵무기 금기nuclear taboo'가 있는 것이다. 그렇다면 미국, 나토 그리고 러시아가 공히 만지작거리고 있는 '전술' 핵무기라는 개념은 이 금기를 우회할 방법을 찾기 위한 술책이다.

그러나 우리는 지금 누구도 가보지 못한 영역에 있다. 양측은 전면전으로의 비화를 예방하려 하면서 동시에 핵무기의 제한적, '전술적' 사용을 가능하게 할 시뮬레이션과 전략을 개발해왔다. 전쟁에 관해 분명하고 예측 가능한 유일한 사실은 전쟁이 본질적으로 무질서하고 예측 불가능하다는 것뿐이다. 우크라이나에서의 최초의 핵폭발이 멈출 수 없는 아마겟돈으로 이어질지 아닐지 아무도 확신할 수 없다.

핵무기 전문가들이 동의하는 것처럼 핵전쟁을 예측하고 예방하는 어려움은 특정 상황에서 가능성이 낮아 보이더라도 만약 핵전쟁이 발생한다면 그것은 인류 역사상 최악의 재앙이자 우리가 아는 삶의 종말로 기록될 것이라는 데 있다. 그렇기 때문에 어떠한 상황에서도 핵전쟁은 용납될 수 없는 것이며, 다른 사안에 적용될 수 있는 계산법이 적용되지 않고, 진정한 안전을 담보할 유일한 방법은 핵무기를 전부 해체하는 것뿐이다.

그러나 핵무기 경쟁에 제한을 두기 위해 고안된 상당수의 조약은 냉전의 종식 이후 대개 미국에 의해 폐기되어왔다. 해당 조약들이 완화하려 했던 냉전적 긴장 관계를 재점화하는 것이 미국임에도 불구하고 말이다.

세계는 지금 어느 때보다도 핵전쟁의 파국으로부터 취약한 상태다. 이러한 상황과 기후변화로 인한 위기가 더해져 《원자력 과학자 회보》는 운명의 날 시계doomsday clock를 과거 냉전 시기 최악의 시점보다도 운명의 날에 가까운 자정 90초 전으로 조정했다.*

전쟁으로 이어진 위기나 이번 전쟁과 관련해 국제법의 가장 근본적인 원칙을 위반한 러시아는 자신의 행동에 대한 책임이 있다. 그러나 서방의 지도자들 역시 동일하게 자신들의 행동에 대한 책임이 있다. 그뿐 아니라 이들은 무책임하고 위험하게 행동해왔다.

미국은 오랜 기간 핵무기 문제에 대해 러시아와 협력할 수 있는 수많은 기회를 거부해왔다. 이는 제2차 세계대전이 끝난 시점에 국제적 감독 아래 핵무기를 유엔으로 이양하자는 요청을 미국 트루먼Harry Truman 대통령이 거부했을 때까지 거슬러 올라갈 정도다.

로널드 레이건Ronald Reagan 대통령은 양국이 핵무기를 모두 해체하는 조건으로 '스타워즈Star Wars' 미사일 방어 시스템 배치를 포기하라는 고르바초프 대통령의 요청을 거절한 바 있다.

클린턴 정부 시절 미국은 1996년 채택된 포괄적 핵실험 금지 조약Comprehensive Nuclear Test Ban Treaty, CTBT을 비준하지 않았고 지금도 그렇다. 반면 러시아는 2000년 이를 비준했다.

클린턴 대통령은 미국이 루마니아에 미사일 기지를 설치

---

* 1947년 최초 발표(자정 7분 전)를 시작으로 냉전 기간 중 운명의 날과 가장 가까웠던 시점은 미국과 소련이 수소폭탄 실험을 시행 후인 1953년(자정 2분 전)이다. 1980년대 후반에는 미국과 소련의 군비경쟁 완화로 상황이 다소 개선되었지만, 냉전이 끝난 1990년대에는 미국이 냉전 시기 소련과 핵무기 제한을 위해 체결한 조약들을 폐기하며 오히려 상황이 계속 악화해왔고, 2018년 다시 자정 2분 전으로까지 조정되었다. 2023년에는 우크라이나 전쟁 등의 영향으로 시계가 자정 90초 전까지로 이동했다.

하지 않는 데 동의한다면 양국의 핵무기를 각각 1500기로 줄일 수 있다는 푸틴 대통령의 제안을 거절했다.

조지 W. 부시 대통령은 1972년의 탄도탄 요격미사일 조약Anti-Ballistic Missile Treaty, ABM Treaty을 탈퇴한 후 폴란드에 미사일 기지 배치를 계획했다.

부시 대통령의 미사일 기지 건설 계획을 취소했던 오바마 대통령은 이후 루마니아에 미사일 기지를 건설하고 폴란드에 새로운 기지 건설을 계획했다. 또한 오바마 대통령은 유엔총회 제1위원회UN Committee for Disarmament에 올라온 러시아와 중국의 우주 무기 금지에 관한 제안을 막았고, 합의제인 제네바 군축회의Conference on Disarmament에서 사이버전cyberwar 금지 조약을 협의하기 위한 안건도 막았다.

트럼프 대통령은 1987년 체결된 중거리 핵전력 조약Intermediate-Range Nuclear Forces Treaty과 1992년 체결된 항공 자유화 조약Treaty on Open Skies에서 탈퇴했다.[4]

이제 핵군축 부문에서 유일하게 남아 있는 기반은 러시아와 미국의 실전 배치된 전략 핵탄두와 운반 수단의 수를 동일하게 제한하는 내용의 새로운 전략 무기 감축 협정New Strategic Arms Reduction Treaty, New START이다. 양국은 2011년에 발효된 이후로 바이든 대통령이 취임할 당시 종료될 예정이었던 이 협정을 2026년까지 연장하는 데 합의했다.

그사이 양국은 좀 더 자국 핵 시스템의 '가용성을 높이기' 위한 현대화를 바쁘게 추진했다. 핵무기 없는 세상을 주창하며 대통령에 당선된 오바마는 향후 30년간 새로운 폭탄 제조 공장 두 곳을 짓고 신형 핵탄두에 더해 신세대 핵무장 미사일, 폭격기, 잠수함을 생산할 장기 계획으로 2조 달러를 확보하고 임기를 마쳤다. 러시아 역시 소련 시기의 시스템을 신형 미사일과 잠수함, 전투기로 교체하고 신형 운반 시스템을 개발하며 자신들의 핵전력을 현대화해왔다.

스톡홀름 국제평화연구소Stockholm International Peace Research Institute, SIPRI는 2022년 6월 탈냉전기 핵무기 비축량 감소 경향이 끝나고 있고, 향후 핵무기 규모가 다시 한번 증가할 것으로 예상된다는 보고서를 작성했다. 연구소의 댄 스미스Dan Smith 소장은 "핵무기의 사용 가능성으로 인한 위기가 냉전의 최고조 이후 어느 때보다 높다"라고 경고했다.

만약 우크라이나 전쟁이 핵 대결로 점화하기 전에 협상을 통해 성공적으로 종결된다면, 러시아와의 긴장되는 현재의 대치 상황은 이미 만료된 조약들을 갱신하는 것과 같은 군축 노력을 다시 복원하는 계기가 되어야 한다. 우크라이나의 위기는 미국이나 러시아와 같은 주요 강대국들이 수천 기의 핵무기를 보유하고 있는 한 핵무기가 언젠가 우리를 파멸시키고말 것이라는 위험이 근본적 위협으로서 우리가 소중하게 여기는 모든 이들의 머리 위에 항상 떠다닐 것이라는 점을 매우 분명하게 보여줬다.

결국 핵 보유국들은 1970년의 핵 확산 금지 조약Non-Proliferation Treaty, NPT에서 결의한 대로 "핵무기 군축을 위한 선의의 노력"을 다하는 데 실패한 것이다.

　　장기적 관점에서 진정으로 우리의 안전을 지켜줄 유일한 조약은 역사적인 유엔의 핵무기 금지 조약Treaty on the Prohibition of Nuclear Weapons이다. 이 조약은 핵무기의 완전한 금지를 시행하고, 핵무기 보유국이 조약에 가입할 절차를 제공하며 핵무기의 완전한 철폐를 위한 일정표와 절차를 수립했다. 이 조약은 2021년 1월 22일 발효되었으나 현재까지 해당 조약에 서명한 핵 보유국은 없다.

이 전쟁은
어떻게 끝날 것인가?

양쪽의 일정한 정치적 의지와 타협이 있었다면 우크라이나 전쟁의 비극은 전적으로 막을 수 있었다. 노엄 촘스키의 지적대로 "러시아 측에서는 범죄성과 어리석음을, 미국 측에서는 심각한 도발"을 확인할 수 있다.

이것은 세계를 지배하는 정치 계급의 제도화된 광기에 관한 실례다. 푸틴은 정말 러시아의 존립이 임박한 위협에 처했고 침공만이 유일한 해결책이라고 믿었을까? 서방의 지도자들은 정말로 우크라이나가 나토에 가입할 권리와 돈바스와 크림반도에서 주권을 복원할 권리가 수백만 명의 목숨을 위태롭게 하고 핵전쟁을 감수할 정도로 가치 있는 명분이라고 믿었을까?

미국, 영국과 일부 동유럽 정상들이 협상의 여지가 없는 (동시에 존재하지 않는) 우크라이나의 영토적 무결성에 관한 가장 강경한 지지자였던 반면에 프랑스, 독일, 이탈리아 정상들은 높이 평가받아 마땅하게도 협상에 의한 종전을 지속적으로 요구하며 푸틴과 대화의 끈을 유지해왔다.

그러나 푸틴이 "계속 권좌를 지켜서는 안 된다"라는 바이든 대통령의 주장이나 러시아를 "약화"시켜야 한다는 오스틴 국방장관의 발언 같은 워싱턴의 도발적인 수사는 진지한 협상으로 복귀하기를 더욱 어렵게 만들었고, 이러한 수사들은 실제로도 정확히 그런 의도로 발화된 것이다.

전쟁 초기 우크라이나군의 선전으로 세계가 놀랐고 서방의 무기 공급은 우크라이나의 호락호락하지 않은 저항을 조직하는 데 도움이 되었다. 그러나 전쟁이 길게 이어지며 2014년부터 러시아와 러시아의 우크라이나 동맹 세력이 점령한 모든 지역을 수복하는 방식으로 우크라이나군이 승리하는 것은 현실적인 목표가 될 수 없다는 점이 명명백백해졌다.

러시아군은 심각한 인명 손실을 감내할지라도 여전히 우크라이나에 끔찍한 피해를 입힐 수 있고, 러시아는 자신들의 목표를 포기하기에 이미 우크라이나 침공에 너무 많은 자원을 투입했다. 종전을 위한 평화협상 없이 양측은 서로 막대한 손실을 감내하며 막대한 피해를 입히고 있다. 결과는 파국적이었고 이는 점점 악화하기만 할 것이다.

우크라이나에 끊임없이 무기를 공급하는 서방은 진정으로 우크라이나의 자유와 주권을 수호하기를 바랐다. 그러나 우크라이나인들이 러시아에 맞서 완전한 승리를 쟁취하고 크림반도와 돈바스 지역을 수복할 때까지 전쟁을 지속하도록 요청하는 짓은 오직 우크라이나인들의 엄청난 죽음과 고통을 부를 뿐이고 지구상에 사는 모든 생명체를 위협하는 핵무기 초강대국 사이의 점점 더 위험해지는 대리전으로 이어질 뿐이다.

분쟁의 궁극적인 결과와 상관없이 우크라이나 침공은 유럽을 심장부까지 뒤흔들어놓았다. 한때 러시아를 더 넓은 유럽의 일부로 통합하자는 논의가 있었지만, 러시아는 이제 경제적으로도 정치적으로도 점점 더 유럽에서 고립되고 있다.

유럽에 '미국으로부터의 전략적 자율성'이 필요하다는 논의가 있었지만, 유럽은 이제 미국의 종속적인 동맹으로 또다시 전락하고 있다.

마침내 나토를 해체하자는 논의가 있었지만, 더 많은 무기 공급을 위한 자금 투입과 임박한 핀란드와 스웨덴의 나토 가입으로 인해 나토는 오히려 더 강고해졌다.[*]

---

[*] 핀란드는 2023년 나토에 가입했고, 핀란드는 가입이 지연되고 있다. 자세한 내용은 이 책 4장 124쪽의 옮긴이주를 볼 것.

우크라이나는 동서를 연결하는 가교가 될 수 있었지만, 앞으로 한동안은 동쪽의 이웃 국가와 심히 적대적인 관계를 유지하게 될 것이다.

지구 공동체는 코로나19의 참화를 극복하기 위한 노력을 경주하고 있었지만, 이번 전쟁이 미친 세계 경제에 대한 피해는 경제적 쓰나미처럼 세계를 덮치고 있다.

인류의 존재론적인 문제를 해결하기 위해서는 분열을 잠시 접어두고 함께 협력하는 것이 필요하다는 폭넓은 인식과 함께 시작한 21세기는 이제 지난 세기와 동일한 전쟁과 적대로 갈라졌다.

이 전쟁은 어떻게 끝나든 핵무기 감축을 위한 지속적인 노력의 필요성을 잘 보여줬고, 지구상에서 핵무기를 영원히 금지하기 위한 진지한 국제적 노력을 재개하기 위해서는 남아 있는 어떠한 적대감도 허용될 수 없다는 것을 잘 보여줬다.

$$\overset{\star}{\star\star}$$

이번 사태는 냉전과 철의 장막으로 나뉜 세상으로 돌아가고자 하는 평범한 미국인들이나 유럽인들의 바람, 혹은 우크라이나를 정복하려는 평범한 러시아인들의 욕망에 의해 추동된 것이 아니다.

이 사태는 자신들의 제국주의적 야심과 전쟁의 제단에 우리들의 희망과 이상을 희생시키는 것을 되풀이하는 양 진영의 지도자들에 의해 추동된 것이다. 이들은 지금 더 많은 무기를 생산하고 우리의 보금자리와 공동체를 점점 더 자신들의 전쟁터로 만들기 위해서 우리들의 기후생태계와 이 지구에 사는 생명체들, 그리고 우리 아이들의 미래를 구할 인류의 마지막 기회가 될지도 모르는 계기를 날려버리고 있다.

러시아의 위대한 평화주의자 레프 톨스토이가 적었던 것처럼, "인류의 역사 전체에서 전쟁은 단 한 번도 국가에 의해 잉태되지 않은 적이 없고, 인민의 이해관계와는 별개로 오로지 국가에 의해서만 잉태되었다. 그러나 승리하더라도 인민에게 항상 유해한 것이 전쟁이다".[1]

이번 전쟁의 교훈은 우리가 과거 모든 전쟁에서 배우는 데 실패한 교훈과 동일하다. 그것은 우리의 자원과 목숨을 갈아 넣어 전쟁을 지속시키는, 도덕적으로 파산한 양측의 지도자들과 전쟁 그 자체가 진정한 괴물이라는 것이다.

한국어판에 부쳐:
소모전, 그리고 평화에 대한
커지는 요구

2022년 11월에 이 책이 출간된 이후, 몇 가지 새로운 사실이 밝혀지면서 우리가 제기한 분석은 오히려 더 강화되었다. 그 중 하나는 이 책의 2장에서 논의한 민스크 평화협정의 실패에 관한 것이다. 우리는 이 장에서 협정이 실패한 원인으로 "우크라이나 중앙정부의 의지 부족, 우크라이나 내 반민주적인 극우 세력의 영향력, 유럽연합 국가들과 미국의 정치 외교적 지원의 부재"를 꼽았다. 앙겔라 메르켈Angela Merkel 전 독일 총리와 프랑수아 올랑드Francois Hollande 전 프랑스 대통령의 인터뷰는 우리의 설명에 중요한 맥락을 더해주었다.

메르켈 총리는 서방 지도자들이 우크라이나가 2차 민스크 협정의 정치적 조항들을 준수하게 할 생각이 없다고 밝혔고, 올랑드 대통령도 이를 확인해주었다. 그들의 관점에서 이 협정의 목적은 나토가 우크라이나군을 무장시키고 훈련시킬 시간을 벌어서 나중에 자칭 도네츠크 인민공화국과 루한스크 인민공화국을 수복하기 위한 것이었다.¹ 현재 우크라이나 전쟁이 벌어지고 있는 것처럼 말이다. 만약 서방 강대국들이 민스크 협정을 이행하는 데 진지하게 임했다면, 이 전쟁 자체가 일어나지 않았을 가능성이 높다.

우리는 이 책의 3장에서 전쟁이 시작된 직후에 타결 가능했던 평화의 시도들이 서방에 의해 어떻게 차단되었는지를 밝혀두었는데, 이 책의 출간 이후 발표된 또 다른 인터뷰는 우리의 내용을 더 강하게 뒷받침했다. 우리는 당시 영국 총리였던 보리스 존슨이 키이우로 날아가, 튀르키예에서 진행된 평화회담에 어떻게 찬물을 끼얹었는지를 써두었는데, 당시 주요 중재자 중 한 사람인 나프탈리 베넷Naftali Bennett 전 이스라엘 총리의 2023년 2월 인터뷰는 서방이 끼친 부정적 역할을 사실로 확인해주는 내용이었다.

베넷 총리가 이스라엘에서 진행한 인터뷰에 따르면, 우크라이나의 중립을 대가로 러시아가 철수하는 내용, 즉 관련국들이 수용 가능한 평화협정의 기본 틀이 이미 마련된 협상을 영국과 미국이 주도하는 서방 국가들이 "차단" 또는 "중단"시

켰다.[2]

　이 글을 쓰고 있는 지금도 우크라이나 전쟁은 16개월째 격렬하게 진행 중이다. 이 전쟁은 끔찍한 인명 피해와 높아지는 핵전쟁의 위험에도 불구하고 많은 전쟁에서 흔히 나타나는 어려운 패턴에 빠져들었다. 러시아, 우크라이나, 나토 군사동맹의 주요 회원국으로 이루어진 전쟁의 모든 당사자가 국지적인 시기의 제한된 성공으로 인해 전쟁을 연장하고 외교를 거부하도록 동기를 부여받거나 현혹되는 상황에 빠져든 것이다.

　전쟁 초기 몇 주간 우크라이나군의 방어력을 평가한 영국과 미국의 관료들은 이 전쟁의 장기화가 러시아를 약화시킬 수 있는 기회라고 판단했다. 그래서 이들은 우크라이나와 러시아가 튀르키예에서 논의 중이던 중립화 협상을 포기하도록 설득했다. 그 대신 이들은 러시아를 결정적으로 굴복시키기 위해 이 결과를 알 수 없는 장기전에서 우크라이나의 무장, 훈련 및 지원을 약속했고, 그 사이 러시아가 그런 실존적 패배를 받아들이기 전에 핵무기를 사용할 수도 있다는 가능성은 무시하고 배제했다.

　서방이 이 분쟁을 장기화하기로 결정한 이후, 단기적으로 러시아는 약화되기는커녕 돈바스 지역 대부분, 그리고 돈바스와 크림반도 사이의 '육로'를 포함한 우크라이나의 전략적 지역을 점령하기 위한 더 강한 조치를 취하는 전쟁의 '두 번째 단계'를 개시했다.

그러나 2022년 7월경 양측은 피비린내 나는 소모전의 수렁에 빠졌다.[3] 러시아의 훨씬 강력한 포병 병력이 우크라이나의 병력과 장비에 타격을 입혔고, 우크라이나는 미국과 나토가 제공한 수백억 달러 상당의 무기로 반격에 나섰다.

우크라이나는 2022년 가을 두 차례의 반격을 감행해 우크라이나 북동부와 남부의 도시 헤르손 주변의 영토를 회복했다. 이후에 벌어진 바흐무트 전투는 우크라이나 전쟁 중 가장 긴 전투로 기록되었다. 6개월간의 포격과 시가전으로 도시는 거의 폐허로 변했고, 2023년 5월 마침내 러시아의 바그너Wagner* 용병들에게 점령당했다.

우크라이나는 2023년 6월 오랫동안 연기된 춘계 공세spring counteroffensive를 개시했지만 러시아는 이미 자신들의 통제 지역을 지뢰, 대전차포와 대전차 방해물로 강화해놨다. 우크라이나의 대공 무기가 고갈되자 러시아는 서방이 지원한 우

---

* 바그너 그룹은 러시아 기업가 예브게니 프리고진Yevgeny Prigozhin과 러시아 특수부대 지휘관 출신인 드미트리 우트킨Dmitry Utkin이 2014년 공동 설립한 민간 군사 기업이다. 2014년 돈바스 전쟁 당시 돈바스 지역의 분리주의자들을 지원하며 처음 알려졌고, 시리아·리비아·수단·말리 등 아프리카와 중동의 분쟁에 개입해오며 각종 전쟁범죄 혐의를 받고 있다. 우크라이나 전쟁에서도 바흐무트 전투를 비롯한 주요 전선에 참여했다. 푸틴의 측근이었던 바그너 그룹의 수장 프리고진은 2023년 6월 23일 세르게이 쇼이구Sergei Shoigu 국방장관, 발레리 게라시모프Valery Gerasimov 총참모장을 비난하며 무장 반란을 일으키고 모스크바로 진군을 시도했으나, 이 반란은 하루 만에 알렉산드르 루카셴코Alexander Lukashenko 벨라루스 대통령의 중재로 무력 충돌 없이 종결되었다. 한편 프리고진은 반란 2개월 만인 2023년 8월 23일 자신의 전용기가 의문의 폭발로 추락해 함께 타고 있던 우트킨과 함께 사망했다.

크라이나 탱크에 맞서 대전차 공격 헬기를 배치해 나토의 훈련을 받은 우크라이나의 새 기갑 사단들이 러시아의 방어선을 뚫고 크림반도와 돈바스 육로를 차단하는 것을 막으려 했다.[4]

우리가 이 책의 3장에서 설명한 패턴, 즉 양측이 적의 사상자를 과대 평가하는 반면 아군의 사상자는 과소 보고하거나 아예 보고하지 않는 패턴은 서로가 이 잔인한 소모전에서 '이기고' 있다는 대립되는 주장을 제대로 평가하기 어렵게 만들었다. 최대 8 대 1 또는 10 대 1에 가까운 포병력의 불균형으로 인해 전황은 러시아가 우세했는데, 러시아의 전략은 우크라이나군과 무기를 파괴하는 데 더 집중된 반면 우크라이나는 당연히 영토를 수복하는 데 더 집중했다.[5]

한편 2023년 4월 유출된 미 국방부의 문건을 통해 지금까지 이번 전쟁에서 우크라이나군과 러시아군을 합쳐 최대 6만 명이 사망하는 등 최대 35만 명의 사상자가 발생했다는 미국의 추정치가 드러났다.[6]

계속 커지는 인명 피해와 실존적 위험에도 불구하고 미국, 영국, 나토 회원국들의 프로파간다와 정치적 압력으로 인해 나토 내에서 평화에 대한 요구는 실질적으로 소외당했다. 프랑스, 독일, 이탈리아는 모두 전쟁 초기 몇 달 동안 외교적인 평화 이니셔티브를 지지했지만 점차 런던과 워싱턴의 정책에 동조하게 되었다.

그사이 전 세계는 우크라이나에서의 재앙과 핵전쟁의 위험이 고조되는 상황을 점점 더 공포에 떨며 지켜보았다. 또한 러시아와 우크라이나는 남반구에 대한 여러 곡물, 식용유, 비료의 주요 공급처였기에, 남반구의 가난한 민중들은 최악의 경제적 타격을 입었다.

2022년 9월부터 2023년 4월까지 유엔과 튀르키예가 중재한 곡물 수출 협정으로 인해 우크라이나의 곡물 수출은 전쟁 이전 수준에 가깝게 회복되었지만, 이 가운데 겨우 2퍼센트의 곡물만이 세계식량계획World Food Program에 할당되었고 사하라 이남 아프리카에 도착한 곡물은 거의 없었다.[7] 우크라이나와 그 동맹국들은 러시아가 선박 검사를 늦춘다고 비난하고, 러시아는 많은 국가의 농민에게 절실한 러시아 비료와 암모니아 수출 재개를 허용하기 위해 동시에 체결한 두 번째 협정을 상대방 국가들이 이행하지 않았다고 불만을 제기했다. 그리고 그사이 수출은 감소했다.[8]

한편 2022년 9월에 열린 유엔총회는 중국, 인도 등 전 세계 인구 대다수를 대표하는 66개국의 지도자들이 평화를 촉구하는 장이었다. 처버 커러쉬Csaba Korosi 유엔총회 의장은 폐회 발언에서 우크라이나의 평화를 촉구하는 목소리가 "총회장에서 반향을 일으킨" 주요 의제 중 하나였음을 인정했다.[9] 수브라마냠 자이샨카르 인도 외교장관은 남반구의 많은 동료를 대변하며 분쟁에서 어느 한쪽 편을 들라는 서방의 압력을 거부하는 발언을 했다.

"우크라이나 분쟁이 계속 격화되면서 우리는 종종 누구 편이냐는 질문을 받습니다. 그때마다 우리가 내놓는 답은 분명하고 솔직합니다. 인도는 평화의 편이며 앞으로도 굳건히 그 자리를 지킬 것입니다. 우리는 유엔 헌장과 그 기본 원칙을 존중하는 이들의 편입니다. 우리는 대화와 외교만이 유일한 탈출구라고 주장하는 이들의 편입니다. 우리는 식량, 연료, 비료 가격의 상승을 바라보면서도 생계를 유지하기 위해 고군분투하는 사람들의 편입니다. 따라서 이 분쟁의 조기 해결을 위해 유엔의 안팎 모두에서 건설적으로 협력하는 것이 우리의 공동이익에 부합합니다."

전쟁이 계속 격화하는 가운데 중국, 브라질, 인도, 바티칸, 튀르키예, 멕시코, 태국, 인도네시아, 덴마크 등 5개 대륙의 국가들과 2023년 6월 키이우와 모스크바를 방문한 평화 사절단에 지도자들을 파견한 아프리카 7개국은 새로운 평화안과 종전을 위한 중재안을 제출했다.

평화 사절단의 아프리카 지도자 중 한 명은 장클로드 가코소Jean-Claude Gakosso 콩고 외무부 장관으로, 그는 2022년 유엔 총회에서 평화에 대한 가장 설득력 있는 목소리를 냈으며, 러시아와 우크라이나에 직접 호소하기 위해 러시아어로 연설하기도 했다. 우리는 그가 유엔총회에서 한 연설로 이 맺음말을 마무리하고자 한다.

"지구 전체에 핵 재앙이 닥칠 위험이 상당하므로, 이 분쟁에 관련된 이들뿐만 아니라 사태를 진정시키는 데 영향을 미칠 수 있는 외부 강대국들 모두 흥분을 누그러뜨려야 합니다. 이들 모두 불길에 부채질을 멈추고 여태까지 대화의 문을 가로막은 강대국으로서의 자만심과도 단절해야 합니다. 우리 모두 유엔의 지원 아래 지체 없이 평화협상, 즉 정의롭고 진실하며 공정한 협상에 전념해야 합니다. 워털루 전투 이후 우리는 빈 회의Congress of Vienna 이래 모든 전쟁이 협상 테이블에서 끝났다는 것을 배웠습니다.*

이미 너무나 파괴적인 현재의 대립을 막기 위해, 그리고 더 이상 돌이킬 수 없는 대재앙, 즉 강대국 역시 스스로 통제할 수 없는 광범위한 핵전쟁으로 인류를 몰고 가는 것을 막기 위해 이러한 협상이 시급히 필요합니다. 위대한 원자 이론가 알베르트 아인슈타인Albert Einstein은 핵전쟁이야말로 인류가 지구에서 벌이는 마지막 전쟁이 될 것이라고 경고한 바

---

* 빈 회의란 나폴레옹 1세가 1814년 4월 폐위된 후 1814년 9월부터 1815년 6월까지 진행된 유럽의 국제회의로, 왕정복고 등 유럽을 혁명 이전의 상태로 돌리는 반동적 성격을 띠었다. 빈 회의의 결과 열강들은 왕정 체제를 유지하기 위해 자유주의운동과 민족주의운동을 억압했고, 동시에 과거 프랑스처럼 한 열강이 이 체제를 흔들지 못하도록 서로 세력 균형을 유지하며 상호 견제하는 체제를 만들었는데, 이를 빈 체제Vienna System라고 부른다. 한편 빈 회의 중간에 나폴레옹이 다시 권좌에 올랐으나 워털루 전투에서 궤멸했고 빈 체제의 성립을 막지 못했다. 이후 제1차 세계대전이 발발할 때까지 유럽에서는 크림전쟁 이외에 국가 간의 전면전이 일어나지 않았고(벨 에포크Belle Époque), 이로 인해 빈 체제는 복고적 성격에도 불구하고 이후 양차 대전 이후 국제연맹League of Nations과 유엔의 모델이 되었다.

있습니다.

영원한 용서의 상징인 넬슨 만델라Nelson Mandela가 말하길, 평화의 길은 멀지만 평화에는 대안도, 대가도 없습니다. 러시아와 우크라이나 역시 현실적으로 이 길, 즉 평화의 길 이외에는 선택의 여지가 없습니다.

더욱이 이 문제는 전 세계가 연대의 공동체가 되어 함께 해결해야 하므로, 우리 역시 이들과 그 길에 함께해야 하고 전쟁을 옹호하는 세력들에게 무조건적인 평화의 선택지를 부과할 수 있어야 합니다.

(러시아어로) 저는 이제 친애하는 러시아와 우크라이나 친구들에게 직접 말하고자 합니다.

너무나 많은 피를 흘렸습니다. 여러분의 사랑하는 자녀들이 거룩한 피를 흘렸습니다. 이제 이 대량 살상을 멈춰야 할 때입니다. 이 전쟁을 멈출 때입니다. 전 세계가 여러분을 지켜보고 있습니다. 이제는 삶을 위해 싸워야 할 때입니다. 여러분이 제2차 세계대전 당시 레닌그라드, 스탈린그라드, 쿠르스크, 베를린 같은 곳에서 특히 나치에 맞서 용감하고 사심 없이 함께 싸웠던 것처럼 말입니다.

두 나라의 젊은이들을 생각해보십시오. 여러분 미래 세대의 운명을 생각해보십시오. 그들을 위해, 평화를 위해 싸워야 할 때가 왔습니다. 너무 늦기 전에 오늘 당장 평화에도 진정으로 기회를 주십시오. 여러분께 겸허히 요청드립니다."

무엇보다 우리가 바쁘게 이 책을 저술하며 보낸 많고 많은 시간을 감내해준 우리의 반려인 데비 데이비스Debby Davies와 타이그 배리Tighe Barry에게 깊은 감사를 전한다. 우리는 이 둘에게 큰 신세를 졌을 뿐만 아니라 꽤 많은 저녁 시간도 빚졌다.

우리에게 이 책의 집필을 제안해준 콜린 로빈슨Colin Robinson 대표와 출판 작업을 순조롭게 해준 OR출판사의 에마 잉그리사니Emma Ingrisani 편집장과 직원들에게도 고맙다.

또한 론 콕스Ron Cox, 피터 데이비스Peter Davies, 레브 골린킨Lev Golinkin, 리처드 사크와Richard Sakwa, 제임스 월리스James Wallace가

책을 먼저 읽고 제시해준 의견에 감사하고, 핵과 관련된 모든 주제에 통달한 앨리스 슬레이터Alice Slater의 도움에 대해서도 고맙게 생각한다. 그리고 한 푼도 받지 않고 귀중한 편집 작업에 참여해준 빌 몬트로스Bill Montross에게 깊이 감사한다.

우리의 분석 틀을 구성하는 데 다음과 같은 이들의 기사, 보고서, 대담이 큰 도움이 되었다. 카트리나 밴든 후블, 유리 셸리아젠코Yurii Sheliazhenko, 헬레나 코번Helena Cobban, 리처드 포크 Richard Falk, 노엄 촘스키, 존 미어샤이머John Mearsheimer, 필리스 베니스Phyllis Bennis, 제프리 색스Jeffrey Sachs, 노먼 솔로몬Norman Solomon, 채스 프리먼, 레이 맥거번Ray McGovern, 케이틀린 존스턴Caitlin Johnstone, 토니 우드Tony Wood, 마이클 크라울리Michael Crowley, 애런 마테, 패트릭 콕번Patrick Cockburn, 윌리엄 아킨, 미국 국가안보기록관, 그리고 고故 로버트 패리Robert Parry. 이번 위기를 예견했던 로버트 패리의 경험과 지혜가 지금 우리는 뼈아프게 그립다. 특히 우리는 고故 스티븐 코언의 러시아에 대한 탁월한 분석과 미-러 관계의 진전을 위한 노력에 크게 빚지고 있다.

코드핑크의 동료들, 특히 공동 창립자인 불굴의 조디 에번스Jodie Evans, 탁월한 조직가인 마시 위노그래드Marcy Winograd, 외교관이자 작가인 앤 라이트Ann Wright의 응원에도 감사를 표한다. 전쟁저지연합Stop the War Coalition, 핵군축캠페인Campaign for Nuclear Disarmament, CND, 국제평화국International Peace Bureau, 나토반대연합No to NATO Coalition 등 우크라이나평화Peace in Ukraine 연합에 함께하는 협력 단체의 활동가들도 우리에게 영감을 주었다. 7년간 교전 지역에서 양측의 전쟁 선전전이라는 안개를 뚫고 객관적인 보고서를 제공하고자 노력한 돈바스의 유럽안보협력기구 휴전 감시단에도 감사드린다.

한편 우리는 주변에 폭탄과 총알이 빗발치는 상황 속에서도 계속해서 공개적으로 전쟁 반대를 외치는 우크라이나의 반전 활동가 유리 셸리아젠코에게 경외심을 느낀다. 전쟁을 반대하는 러시아 페미니스트들의 용기에도 감명받았다. 그리고 평생 러시아와 인간 대 인간의 연대를 쌓기 위해 노력한 시민발의센터Center for Citizen Initiatives의 대표인 샤론 테니슨Sharon Tennison도 우리에게 영감을 주었다.

이 전쟁의 희생자들에게도 위로의 마음을 전한다. 삶의 기반을 뿌리 뽑히고, 목숨을 잃고, 부상당한 우크라이나의 수백만 가정, 이 분별 없는 전쟁에서 자신의 목숨을 잃고 신체의 일부를 잃은 양 진영의 병사들, 사랑하는 이의 부재를 평생 슬퍼할 가족들이 그들이다.

우리는 프란치스코 교황Pope Francis처럼 중재에 힘쓴 정부와 개인들에게도 감사를 표하고 싶다. 무엇보다 폭력에 맞서 평화의 공동체를 만들기 위해 자신의 인생을 바치고 있는 이들에게 감사를 전한다. 우크라이나의 평화 활동가 유리 셸리아젠코가 말한 것처럼 "우리가 어떻게 평화로운 삶을 영위하고 모든 형태의 폭력을 제한할지를 가르쳐주는 지식과 효과적인 수단을 공유할 수 있을 때 지구상의 인류는 전쟁이라는 질병에서 벗어날 면역이 생길 것이다".

1.

"사실을 있는 그대로 보고 이해해야 한다." 거창하진 않지만 내가 사회과학을 공부하기 시작하면서 세운 가장 큰 원칙이다.

그런데 이런 단순한 명제가 적용으로 들어가면 그렇게 단순하지가 않다. 편견 없이 백지와 같은 상태tabula rasa로 분석 대상에 접근해야겠지만 그것이 쉽지만은 않다. 어떤 경우에는 이미 해당 사물과 현상에 대한 편견이 작용해서, 또 어떤 경우에는 서구의 석학이 제시한 이론 틀에 얽매여서, 혹은 사회과학에서 특정 요소들은 수치화할 수 없으므로 많은 맥락이 사라진다. 그러다보면 어느 순간 그 대상과 현상을 이루는 핵심적인 요소들은 상당 부분 탈각되고 만다. 심지어 자신의 인식이 현실과 커다란 괴리가 있다는 것 자체를 인지하지도 못하는 경우가 다반사다.

2022년 러시아의 우크라이나 침공*이 시작된 이래로 평화를 바라는 많은 전 세계의 이들이 전쟁을 이해하기 위해 노력했고 이 책을 번역한 나 역시 그중 하나였다. 대학원에서 동아시아와 한반도 평화에 관한 관심을 두고 공부하긴 했지만, 우크라이나에 관한 나의 지식은 일천한 수준이었다. 지정학적으로 러시아나 푸틴과 함께 소개되는 것을 간간이 보긴 했지만 러시아의 침공 전 우크라이나에 대한 나의 인식은 오렌지혁명과 마이단 시위가 어떠한 의미였는지 거의 알지 못하는 수준이었고, 우크라이나는 그저 "수도가 '키예프'**인 구소련 국가"라거나 많은 한국인이 그런 것처럼 "김태희가 밭 가는 나라"라는 한국 특유의 멸시적·여성혐오적 표현 정도로 기억되던 국가였다.

---

* 이 책의 원제목은 《우크라이나 전쟁: 분별없는 전쟁을 분별하기War in Ukraine: Making Sense of a Senseless Conflict》이나 2022년 시작한 전면전을 표현할 때는 '(2022년) 러시아의 우크라이나 침공'이라는 표현을 주로 사용한다. 뒤에서도 설명하겠지만 저자들이 이러한 표현을 쓰는 이유는 '우크라이나 전쟁'이란 2022년 2월 24일 시작된 것으로 볼 수 없고, 최소 2014년부터 이어진 내전의 연속으로 봐야 한다는 관점을 갖고 있기 때문이라고 이해된다. 〈옮긴이의 글〉에서도 '우크라이나 전쟁'은 주로 2022년부터 시작된 러시아의 우크라이나 침공보다 더 넓은 의미에서 최소 2014년부터 이어져온 우크라이나에서의 내전적·국제전적 성격을 아우른 의미로 사용했다.

국제분쟁과 관련해 한국 언론은 객관성이 부족할 때가 특히 많으므로 처음 우크라이나에서 전면전이 시작했을 때 나는 영어로 접근할 수 있는 외국의 기사와 문헌 위주로 자료를 찾아보며 사태를 이해하고자 했다. 그럴수록 침공 초기부터 내 머릿속을 떠나지 않았던 생각은 유럽에서 벌어지고 있는 이 사태가 70여 년 전 한반도에서 벌어졌던 내전이자 국제전이었던 한국전쟁과 지정학적 배경부터 진행 과정, 향후 전개될 상황까지 굉장히 비슷한 모습 같다는 어떤 '불길함'이었다. 그것은 내가 우크라이나 전쟁을 더욱 깊이 이해하려고 노력하고 이 책까지 번역하게 된 가장 본질적인 이유였다.

2.

　그 유사성은 크게 두 가지다. 하나는 소모전으로서의 성격이다. 한국전쟁의 정전회담은 전쟁이 발발한 지 1년 이상이 지난 1951년 7월 10일 개성에서 처음 시작되어 1953년 7월 27일의

** 　러시아의 우크라이나 침공 이전까지 한국의 대다수 기사와 서적은 우크라이나의 인·지명 등을 러시아어 발음을 기준으로 표기해왔다. 러시아의 침공 이후 주한우크라이나 대사관의 공식 요청으로 국립국어원은 우크라이나 표기법을 배포하고 대부분 언론에서 이에 따라 우크라이나 명칭을 표기하고 있다 (키예프→키이우, 하르코프→하르키우, 루간스크→루한스크 등). 그럼에도 불구하고 러시아의 침공 이전까지는 러시아와 우크라이나가 공유하는 내해였던 'Sea of Azov'의 명칭(아조프해/아조우해)은 여전히 논쟁적이다. 외래어 표기법도 민감한 정치적 영역인 것이다.

정전협정을 통해 마무리됐다. 전체 전쟁 기간 중 3분의 2를 차지하는 긴 기간이다. 이 과정에서 양측은 무엇을 잃고 무엇을 얻었을까?

먼저 남북한 경계의 변화를 보자. 여전히 우리는 남북한을 가르는 군사분계선을 '삼팔선'으로 잘못 부르지만 이는 일제의 항복 이후 미군과 소련군이 한반도를 분할통치하기 위해 1945년 미국의 이해관계에 따라 임의적으로 그어진 선이다.* 한국전쟁의 결과로 확정된 현재의 군사분계선Military Demarcation Line, MDL 혹은 휴전선은 삼팔선 언저리에 있지만 실제 이 선이 가르는 구간은 삼팔선과는 사뭇 다르다.

삼팔선과 비교해보면 현재의 군사분계선으로 남한은 경기도 연천군 일부와 강원도 철원군, 화천군 등 5900제곱킬로미터 정도를, 북한은 황해도 옹진군 등 2400제곱킬로미터 정도를 더 확보했다. 그러나 정전회담이 진행되는 2년 사이 강원도 일대에서는 조금이라도 더 많은 땅을 차지하기 위한 극심한 '소모전'이 이어졌다. 특히 회담의 우위를 빼앗기지 않기 위해 양측은 전선에서 격렬하게 대치했다. 그 결과 한국전쟁의 사망자 약 200~400만 명 중 정전회담이 진행되던 약 2년 동안 최소 과반수의 사망자가 발생한 것으로 추산된다.

우크라이나로 돌아와보자. 이 책 맨 앞에 실린 지도 중 〈우크라이나의 군사 점령지 변화〉를 통해 알 수 있듯 2022년

---

* 이완범,《삼팔선 획정의 진실》, 지식산업사, 2001.

가을부터 현재까지 결정적인 전선의 변화는 없었다. 오히려 2022년 9월 우크라이나군의 반격으로 우크라이나가 하르키우주 동부를 재탈환한 이후 현재까지 전선의 변화는 놀랄 정도로 미미하다. 즉, 전면전이 시작되고 약 18개월간 전쟁이 이어지는 동안 1년 정도는 전선의 변동 없이 양쪽의 사상자만 증가하는 소모전이 이어지고 있다.

너무나 비슷하지 않은가? 2023년 들어 우크라이나 전쟁과 관련해 외국 언론에 부쩍 많이 등장한 단어는 이 책의 저자들이 한국어판 〈나가는 글〉에도 썼던 '소모전war of attrition'이라는 표현이다. 특히 가장 격렬한 전투가 수개월간 이어지며 우크라이나 전쟁에서 소모전의 대명사가 되었던 바흐무트는 '고기 분쇄기meat grinder'라는 끔찍한 이름으로 불렸다.

2022년 말부터 전황이 교착되는 상황을 보며 내가 떠올렸던 것은 1951년부터 정전협정까지의 시기별 한국전쟁 전황도였다.** 당시 전황도는 시기별로 조금씩 강원도 일대에서 전선이 북진하고 있다는 객관적 사실만을 보여준다. 그러나 조금만 당시의 상황을 공부해보면 2년간 한 뼘의 땅을 더 차지하기 위해 수많은 소중한 목숨이 사라져갔던 비극을 동시에 알 수 있다. 또한 그 사이 전선의 '후방'인 한반도 전역에서도 민간인과 사회 기반 시설에 대한 미군의 공중폭격으로 인해

** Allan R. Millett, "Korean War, February 1951–July 1953," *Encyclopedia Britannica*, August 16, 2023. https://www.britannica.com/event/Korean-War/Talking-and-fighting-1951-53.

발생한 민간인 사상자 수가 엄청났다. 특히 미국은 정전회담에 정치적 압력을 행사하기 위해 '항공 압력 전략'이라는 이름으로 1952년부터 정전까지 민간 지역에 소이탄(네이팜탄)을 이용해 대량 폭격을 감행했다.* 전쟁 초기에는 전선이 급격하게 변하며 이념의 이름으로 양측에 의한 (주로 유엔군과 한국군에 의한) 학살이 자행됐지만, 전쟁 후반기에는 미군의 공중전 자체가 끔찍한 민간인 학살이었다.**

당시 지도자들은 어떤 생각을 하였을까? 휴전협정 과정에서 북한군은 삼팔선을 휴전 후의 군사분계선으로 정해야 한다고 주장했으나 유엔군은 정접협정이 조인될 당시를 기준으로 군사분계선을 설정해야 한다고 주장했다. 군사 장비에서 우세한 유엔군은 시간을 끌수록 더 많은 땅을 확보할 수 있을 것이라고 생각했고, 제공권을 장악한 입장에서 공중폭격을 통해 이북 지역에 계속 인적·물적 피해를 줄 수 있었기 때문이다. 이 의제에 대해서만 해도 격렬하게 대립하여 유엔군의 의도가 관철된 합의에 이르는 데만 4개월이 소요됐다.***

---

* 미 공군은 1950년 11월부터 '초토화 정책Scorched Earth Policy'이라는 이름으로 군사 시설뿐만 아니라 마을과 도시, 민간인, 사회 인프라 시설 등에 대한 무차별 폭격을 감행해 엄청난 피해를 만들었다. 이에 대한 내용은 다음 책에 잘 정리되어 있다. 김태우,《폭격: 미공군의 공중폭격 기록으로 읽는 한국전쟁》, 창비, 2013.

** Bruce Cumings, "The Most Disproportionate Result: The Air War," *The Korean War: A History* (New York: Random House Publishing Group, 2011). 이 책에서 커밍스는 미공군이 네이팜탄을 사용해 한반도 전역에 자행한 민간인에 대한 끔찍한 폭격을 "제노사이드genocide"로 규정한다.

한국전쟁의 교훈은 전쟁에서 승자는 없다는 것, 그리고 특히나 소모전이 이어지는 전쟁에서 가장 확실한 피해자는 양측의 희생되는 평범한 민간인과 군인이라는 것이다. 이 책의 저자들은 우크라이나 전쟁에 대해서도 동일한 교훈을 도출하고 있다.

이렇게 비교해보면 다소 도발적으로 들릴 수도 있는 말이지만, 나에게 젤렌스키 대통령은 위기 상황에서 나라를 구한 '우크라이나의 영웅' 같은 지도자보다는 한국전쟁 당시의 이승만 대통령과 더 크게 오버랩된다. 이승만 정부는 전쟁이 처음 시작되었을 때 수도 서울의 시민들을 버리고 대전으로 도망가 6월 27일 서울 시민들에게 안심하라는 방송을 하고 28일 새벽 한강 인도교를 폭파했다. 또한 미국 아이젠하워 정부가 1953년 초 출범 직후, 전쟁 피로라는 국내의 압박으로 정전협정을 빠르게 추진했음에도 불구하고**** 이승만 대통령은 정전에 반대하며 학생과 시민을 동원해 대규모 정전협정 반대 시위를 조직했다.

물론 이 전쟁의 역사적 맥락과 우크라이나 내부 갈등의 역사적·종족적 요인들은 한국전쟁과 단순 비교할 수 없는 것들이지만, 미국과 나토에 비행 금지 구역 설정을 강력하게 요

*** 박태균, 〈전쟁은 왜 2년이나 더 계속되었을까?〉,《한국전쟁: 끝나지 않은 전쟁, 끝나야 할 전쟁》, 책과함께, 2005. 이후 제4의제인 전쟁포로 교환 문제를 합의하는 데만 18개월이 소요되었다.
**** 한국전쟁의 빠른 종전은 아이젠하워의 대통령 선거 공약이었다.

구하는 젤렌스키의 모습을 볼 때마다 당시 무책임한 한국 정부의 지도자가 떠오른다.

3.

또 하나 한국전쟁과 비교하고 싶은 지점은 전쟁의 성격에 대한 이해다. 이 책의 논점에 동의하지 않는 이들로부터 자주 듣는 말은 "나토의 확장은 이 책에서도 언급된 것처럼 그저 러시아에 대한 동정론자들이 전쟁의 책임을 서방에 돌리기 위해 사용하는 '명분'일 뿐이고, 나토의 확장은 러시아에 실질적인 위협이 되지 않는다"라는 것이다. 즉, "주권국이 개별적인 안보 조약에 가입할 권리를 왜 막는가. 그것이야말로 주권 침해다"라는 취지다. 그들은 또한 "무력 침공을 시작한 것은 푸틴의 러시아다"라고 말한다.

이 진술 자체에 동의가 되지 않는 것은 아니다. 개별 국가의 주권은 당연히 존중되어야 하며, 그 선택은 그 나라의 국민에게 달린 것이다. 그러나 이 책의 논지는 우크라이나 사태를 깊이 있게 이해하고 최대한 빠르게 폭력을 멈추기 위해서는 누가 전쟁을 '시작'했는지가 아니라 사태의 '기원', 즉 정치의 일환으로서 전쟁이 장기간에 거쳐 발생하고emerging, 만들어지게making 되는 과정을 이해하는 것이다. 우리는 이 점 역시 한국전쟁과 비교해볼 필요가 있다.

역사학자 브루스 커밍스Bruce Cumings는 한국전쟁에 대한 초

점이 기존에는 '누가 먼저 총을 쏘았느냐'에 맞춰져 있었지만 '왜 쏠 수밖에 없었는지'라는 질문이 더 본질적이었음을 지적한다. 그는 일제강점기에 형성된 한반도의 민족 모순과 계급 모순(내부적 요인)이 분출·대립한 해방 후 기간 동안 1945년부터 5년간 외세, 주로 미국의 개입(외부적 요인)으로 좌절되는 과정에 한국전쟁의 기원이 있다고 설명한다.[*]

당시의 미군정과 워싱턴 D. C. 모두 한반도의 당사자들이 중요하게 생각하던 민족 모순과 계급 모순을 해소하려는 고려가 전혀 없었고, 해방 직후 자생적으로 생겨난 조선건국준비위원회(건준)과 지역 인민위원회를 철저히 배제한 채 친일파 세력 중심의 남한 단독정부 수립으로 나아갔다.[**] 이렇게 당사자들의 의지를 배제한 미국의 정책으로 인해 1950년 6월 전면전이 터지기 전 남한에서 벌어진 농민반란과 유격전, 삼팔선 일대의 국지전으로 이미 10만여 명의 사상자가 발생했다. "1950년 6월에 시작된 재래적 방식의 전쟁은 그저 다른 수단으로 이 전쟁을 지속한 것이었다."[***] 즉, '시작'이 아니라 '기원'이 갈등을 이해하는 본질이며, 한국전쟁을 이해하는 열쇠 역시 여기에 있다는 것이다.

---

[*] 브루스 커밍스, 《한국전쟁의 기원 1: 해방과 분단체제의 출현 1945~1947》, 김범 옮김, 글항아리, 2023.

[**] 미 행정부의 경우 미군정의 입장에 반대하다가 1947년 무렵부터 반공· 봉쇄 정책이 본격화되면서 입장을 바꾸게 된다.

[***] 브루스 커밍스, 같은 책, 28쪽.

이러한 커밍스의 접근 방식은 이 책이 우크라이나 전쟁을 이해하는 접근 방식과 다르지 않다. 이 책은 2022년 2월 24일 '누가 먼저 총을 쏘았는가'보다, 길게는 소련 해체 후 벌어진 경제·사회적 모순과 국내의 종족적ethnic 갈등, 그리고 그것들이 2013년부터 마이단 사태를 통해 분출한 과정을 살피고(내부적 요인), 거기에서 나토와 미국, 러시아가 미친 영향을 함께 살핀다(외부적 요인).

　　한국전쟁에 단순화된 '선과 악의 이분법 도식'을 적용하는 이들이 아니라면 70년의 격차를 두고 내전과 국제전의 양상을 동시에 띠며 분단과 냉전이라는 결과까지 비슷할 것으로 보이는 이 갈등에 대해서도 유사한 분석적 관점을 가질 수 있길 바란다. 한반도의 갈등이 20세기 후반의 냉전을 예비하고 냉전의 본격적 시작을 알렸으며 동시에 냉전보다 오래 지속되었다면, 우크라이나의 갈등은 21세기 '신냉전New Cold War'*에 대해 동일한 의미가 될지도 모른다.

4.

그런데 한국전쟁에 대해서는 기존 반공적 교육의 틀을 깨고 '언제 누가 먼저 쐈는지를 넘어 왜 쏘게 됐는지를 보라'는 명

---

*　　아직 엄밀하게 정의된 용어가 아니고 용어의 타당성에 대한 사회과학적 논란이 많지만, 여기서는 서술의 편의를 위해 그대로 사용한다.

제를 거부감 없이 수긍하던 사람들이 왜 똑같이 내전에서 시작해 국제전으로 나아간 우크라이나 전쟁에 대해서는 이분법을 넘어서는 비판적·역사적 관점을 채택하지 못할까? 특히 사회와 역사를 비판적으로 사고하는 경험이 많은 사회과학계에서도 우크라이나 갈등에 대해 그렇게 사고하지 못하는 이유는 무엇일까?

무엇보다 한국의 주류 담론장, 특히 언론에서 이런 역사적 관점을 거의 접할 수 없다는 점이 큰 원인이라고 생각한다. 국내 주류 언론만 본다면 2022년 초부터 러시아군은 한 번도 전장에서 제대로 우세를 점하지 못했던 것처럼 보일 것이다. '춘계 공세'라 이름 붙이고 봄이 거의 끝난 2023년 6월 초에야 등 떠밀리듯 시작한 공세에 대해서도 대다수의 국내 언론은 마치 우크라이나군의 공세가 시작되면 금세 러시아군을 자국 영토에서 몰아낼 수 있을 것처럼 전했다.[**] 여름이 되어 공세가 거의 아무런 성과를 내지 못한 것이 자명해진 상황 속에서도 미국이 무기 지원을 확대하면 우크라이나의 공세가 더 성과를 거둘 수 있을 것처럼 계속 소리치거나 그것도 무리로

[**] 현실주의 정치학자 존 미어샤이머는 최근 2023년 7월 인터뷰에서 서방은 춘계 공세 승리의 가능성이 거의 없는 것을 알면서도 2023년에 군사적 성과가 없으면 전쟁에 대한 대중적 지지가 사라지고, 그것이 결국 우크라이나 패배, 서방의 패배로 이어진다는 두려움에 우크라이나가 "자살 공격suicidal offensive" 을 하도록 종용한 것이라고 혹평했다. Aaron Maté, "John Mearsheimer: Ukraine War Is a Long-term Danger," *The Grayzone*, July 31, 2023. https://youtu.be/t2451jFeZp0.

보일 때는 침묵하는 것이 우리 언론의 우크라이나 전쟁 관련 보도 행태였다. 이 책의 저자들이 말하는 서방의 '승리한다는 믿음triumphalism'이 가장 강했던 곳 중 하나는 단연 한국 언론이었다.

러시아의 침공 이후 한국의 언론을 살펴보며 씁쓸한 농담처럼 했던 말 중 하나는 "미국 주류 언론과 대다수 한국 언론의 보도처럼 우크라이나가 이번 전쟁에서 계속 선전했다면 우크라이나군은 이미 세계에서 가장 큰 면적의 러시아 본토를 다 점령했겠다"라는 것이다. 이러한 '무한 긍정 회로'에 의한 보도는 개별 사실을 객관적으로 보지 못하도록 하고, 더 넓은 역사적 맥락을 보지 못하게 한다. 몇십 년간 면면히 이어져 온 '북한 붕괴론'처럼 말이다.

이들 국가를 권위적 지도자들이 이끈다는 것과는 별개로 객관적 현상을 있는 그대로 볼 수 있어야 한다. 그러나 서방과 한국의 주류 언론은 얼마나 푸틴이 '광인'인지, 얼마나 전쟁을 통해 심각한 정책적 실패를 했는지, 언제 푸틴 체제가 '붕괴'할지에 대해서는 열을 올리지만, 서방의 전방위적 제재에도 러시아의 경제가 상대적으로 안정을 유지하는 이유가 무엇인지 (2023년 상반기 경제성장률 4.9퍼센트), 전쟁으로 인한 경제적 영향력에도 푸틴의 대중적 지지가 유지되는 배경은 무엇인지, 서방의 전적인 군사 지원*에도 불구하고 우크라이나군이 고전을 면치 못하는 이유에 대해서는 주목하지 않는다. 또한 러시아인들은 서방의 압력으로 인해 실존적 위협을 느끼고 있고, 따라서 서방의 압박이 더 강해지면 러시아의 결속력이 더 높아질 수도 있다는 상황을 이해하려고 하지 않는다.

또한 비판적 공론장의 부재는 러시아의 국내외 상황이 지닌 함의를 대중이 제대로 판단하지 못하게 만든다. 푸틴 정권의 권위적 속성 때문에 푸틴에 대한 지지율 조사 결과를 완전히 객관적 지표로 볼 수 없지만, 이는 최소한 러시아의 민심을 반영한다. 전면전이 시작된 이후 푸틴의 지지율은 80퍼센트 아래로 거의 떨어지지 않았으며, 지난 5년간 가장 높게 유지되고 있다.[**] 바그너 그룹의 수장이었던 프리고진의 '하루 천하' 반란과 그에 이은 비행기 폭사 사건과 관련해서도 푸틴의 권좌가 곧 흔들릴 전조라는 보도가 이어지지만 객관적 정황을 보면 이는 희망적 사고에 가까워 보인다.

한국의 진보 진영에서 우크라이나에 대한 무기 지원은 바람직하지 않지만 러시아에 대한 제재는 지지한다는 주장이 상당수 나온다. 제재를 통해 러시아를 압박하면 푸틴의 지배력과 전쟁 수행 능력을 약화시킬 수 있지 않느냐는 것이다. 한반도 평화를 위해 북한에 제재를 강화하는 것이 지역의 평화를 위해 바람직한 방향이 아니라는 데 전적으로 동의할 사람

---

[*] 자료마다 일부 차이가 있긴 하지만, 이 책에 소개된 것처럼 러시아의 침공 이후 미국이 우크라이나에 2022년 말까지 제공한 군사 지원 규모는 670억 달러(약 88조 원)로, 이는 2021년 우크라이나의 GDP인 2000억 달러의 3분의 1에 해당하는 규모다.

[**] "Putin's Approval Rating," Levada Center. https://www.levada.ru/en/ratings/.

들도 이렇게 이야기하고 있는 것이 현실이다.

동시에 우리의 편협한 관점은 냉전 해체 이후 가장 중대한 지정학적 사건 중 하나인 우크라이나 전쟁으로 인해 빠르게 변하고 있는 세계의 새로운 질서에 대해서도 인식하지 못하게 만든다. 경제·군사적으로 중국을 저지하기 위한 미국의 인도-태평양 전략과 우크라이나 전쟁 등을 계기로 중국과 러시아는 연대를 강화하며 국제사회에서 그 역할을 확대하고 있다. 2023년 3월 초 중국은 베이징에서 사우디아라비아와 이란의 국교 회복을 중재하는 모습을 연출해 지정학의 판도가 바뀌고 있다는 것을 상징적으로 보여줬다. 그 직후 룰라Luiz Inacio Lula da Silva 브라질 대통령, 마크롱 프랑스 대통령과 베이징에서 만났고, 3월 21일에는 모스크바에서 푸틴과 정상회담을 진행했다. 한 달 후에는 젤렌스키 대통령과 처음으로 통화하며 미국 중심의 '단극 체제'에서 벗어난 분쟁의 중재자를 자처했다.

한편 러시아도 중국과 함께 서방에 맞서 국제 무대의 행보를 이어가고 있다. 7월 말에는 쇼이구 국방장관이 북한을 방문해 밀착된 관계를 과시했다. 국제형사재판소가 전쟁범죄 혐의로 체포 영장을 발부한 터라 2023년 8월 말 열린 브릭스BRICS 정상회의에 참석하지 못한 푸틴은 종료된 흑해 곡물 협정 대신 아프리카 6개국에 곡물을 무상 지원하겠다고 밝혔다. 이어 2023년 10월에는 시진핑習近平 주석의 초청을 받고 '일대일로 포럼'에 참석해 중국과의 협력을 논의할 것으로 보인다.

러시아와 중국이 주도하고 있는 브릭스 정상회의에는 총 69개국 대표단이 참석해 그 영향력을 과시했다. 특히 최근 22 개국이 동시 가입 신청을 했고, 2023년 8월의 회의를 통해 그 중 아르헨티나, 이란, 사우디 등 6개국의 가입을 회원국으로 받아들이기로 했다. 장기적으로 브릭스는 대체 통화를 구상하며 미국의 달러 패권에 도전할 것이다. 이미 브릭스 5개 회원국은 전 세계 경제 규모의 31퍼센트, 인구의 41퍼센트를 차지하고 있다.[*]

그 사이 동아시아에서 미국은 오바마 행정부에서부터 '아시아로의 회귀pivot to Asia'라 이름 붙이고 10년 이상 추진해왔던 세계 패권을 둘러싼 중국과의 거대한 지정학적 대결을 심화시키고 있다. 이 전략의 핵심은 '중국 봉쇄containment'이고, 오커스AUKUS(미국-영국-호주), 쿼드QUAD(미국-호주-인도-일본) 등 역내의 동맹들을 총동원해 경제·군사적 압박 수위를 높이는 것이다. 한-미-일은 최초의 단독 정상회담을 통해 나토와 같은 집단 안보 체제 직전 단계인 준동맹의 단계로 돌입했다.

우리는 새로운 세계로 들어가는 입구에 서 있는 것이다.

---

[*] 최근 브라질, 사우디아라비아를 포함한 남반구 국가들의 다극화 움직임에 대한 내용은 다음 기사를 참조할 것. 정의길, 〈존재감 키우는 '글로벌 사우스'…중·러에 다가가며 '탈 달러'〉, 《한겨레》, 2023년 4월 4일, https://www.hani.co.kr/arti/international/international_general/1086380.html.

5.

그런 시기에 우리에겐 판단을 위한 더 많은 정보가 필요하다. 내가 이 책을 번역하기로 마음먹었던 것도 우크라이나 전쟁을 둘러싼 복잡한 맥락에 대한 사실관계가 시기별로 잘 정리된 드문 책이라는 이유가 컸다. 2022년 러시아의 침공이 시작된 이후 이 전쟁의 배경과 의미에 대해 이분법적 시각을 지양해 설명하는 몇 권의 단행본이 국내에 이미 출간되었고,* 개별책마다 약간의 관점의 차이가 있으나 이 책의 관점과 유사한 부분이 많다. 그럼에도 불구하고 이 책의 큰 장점을 꼽자면, 시기별로 기억해야 할 중요한 내용이 너무 학술적이거나 장황하지 않게 정리되어 있고, 상황을 종합적·객관적으로 판단하려는 노력을 들였다는 점이다.

러시아 국영 방송에서 진행되었다는 이유로 자신의 프로그램이 유튜브에서 삭제되었던 애비 마틴이 인터뷰에서 했던 말로 이 책이 담고 있는 내용과 대안적 관점의 필요성을 강조하고자 한다.

"[주류 언론은] '살균된' 진실을 보여주고, 다른 관점이 존재

---

* 김선명, 《세계의 석학들, 우크라이나 사태를 말하다: 촘스키 편》, 뿌쉬낀 하우스, 2022; 알렉스 캘리니코스 외, 《우크라이나 전쟁, 제국주의 강대국들의 각축전》, 책갈피, 2022; 이해영, 《우크라이나전쟁과 신세계질서》, 사계절, 2023.

하지 않는 척한다. 그게 대중을 통제하기 쉽기 때문이다. 그러나 핵무기를 보유한 두 강대국이 열전으로 맞붙을 수 있는 이런 상황에서, 모든 쪽의 관점을 듣는 것은 매우 중요하다. 나는 [미국과 서방, 우크라이나의 관점뿐만 아니라] 러시아의 관점, 중국의 관점, 이란의 관점 등 다른 나라들의 관점을 듣길 원한다. …… 우린 아이가 아니고, [이러한 정보를 통해] 우리 스스로 판단을 내릴 수 있다."***

이 책의 내용들이 그러한 판단을 위한 작은 도움이 되었으면 한다.

6.

한국전쟁은 아직 끝나지 않았다.*** 안타깝게도 우크라이나에서 현재와 같은 직접적인 물리적 충돌이 종결되더라도 한반도의 상황처럼 우크라이나 전쟁은 오랜 기간 끝나지 않을 것이라는 걱정이 든다. 미국의 정치학자인 존 미어샤이머 교수

** "Abby Martin: How the Media Manufactures 'Bloodlust' for War," *The Real News Network*, March 9, 2022. https://youtu.be/XUVxdM5giKE.
*** 국내에는 많이 알려지지 않았지만 오히려 정전협정의 당사국인 미국과 같은 해외서 (주로 한인교포들에 의해) 제대로 된 한국전쟁에 대한 종전 선언과 평화협정 체결을 촉구하는 운동이 이어져왔다. 이 책의 저자 중 한 명인 메디아 벤저민도 한국전쟁의 종전을 촉구하며 위민크로스디엠지Women Cross DMZ에 참여했다.

는 2023년 4월 인터뷰에서 "우크라이나와 러시아에 대해서 생각해볼 수 있는 최선은 차가운 평화cold peace다. 향후 언젠가 정전이 이루어지겠지만 동시에 그건 한반도 삼팔선과 같은 차가운 평화일 것이다"*라는 의견을 밝힌 바 있다.

정치의 복원을 통해 협상을 시작하는 것이 그런 비극을 막는 유일한 길이다. 전쟁을 끝내는 경로에 대해서만큼은 우크라이나의 인민들이 한반도의 민중들과 같은 비극을 겪지 않길 한반도 남쪽에서 간절히 기원한다.

마지막으로 이 책이 나오는 데까지 노력해준 이들에게 감사의 마음을 전하고 싶다. 여러 단행본의 '감사의 말'에 보통 편집자에 대한 감사 인사가 제일 앞에 길게 나오는 걸 읽을 때마다 속으로 '저자가 책을 쓸 수 있는 상황이 될 수 있도록 돌봄 노동으로 고생한 보이지 않는 이름 없는 이들에게 더 감사해야 하는 것 아닐까?' 하는 다소 강퍅한 생각을 하곤 했다. 옮긴이로나마 책을 쓰게 되고 보니 왜 모든 글쓴이들이 감사의 말을 쓰게 될 시점에 그런 생각을 갖게 되는지 절감했다. 이 책이 많은 오류 없이 출간될 수 있기까지 문장 사이사이에 이정신 편집자님과 오월의봄 직원분들의 노고가 스며 있다. 진심으로 감사의 말씀을 전한다.

---

* Gita Wirjawan, "John Mearsheimer: Is China the Real Winner of Ukraine War?," April 28, 2023. https://youtu.be/Yl7goPRw_eE.

또한 이 책의 저자들은 여러 차례 책 내용의 사실관계에 관한 나의 문의 메일에 성실히 답해주고, 영문판의 일부 오류를 바로잡고 내용도 추가해주었다. 그뿐만 아니라 한국어판에 부쳐 2023년에 진행된 상황을 원고로 정리해달라는 요청에 대해서도 흔쾌히 동의해주어, 영문판에는 없던 〈나가는 글〉을 함께 내보낼 수 있었다. 한 권의 교과서를 써준 두 저자에게도 감사의 마음을 전한다.

기후위기가 심화될수록, 특히나 녹색당에서 일을 시작하면서, 주변의 온갖 유기물과 무기물에 의존해 살아가고 있음을 느낀다. 내가 존재할 수 있게, 공동체의 문제에 대해 고민할 수 있게, 이 책이 나올 수 있게 주변에서 도움을 준 모든 생명체에게 고마움을 전한다.

머리글

1   Gareth Porter, "How America Armed Terrorists in Syria," *The American Conservative*, June 22, 2017. https://www.theamericanconservative. com/articles/how-america-armed-terrorists-in-syria/.

1장

1   "Yanukovych: Ukraine will remain a neutral state," *Interfax-Ukraine*, January 7, 2010. https://web.archive.org/web/20100121145322/http:// www.kyivpost.com/news/politics/detail/56539.

2   Joris De Draeck, "Yanukovych Or How The EU, Manafort And Hillary Might Bleed Because Of Trump," *Planet News*, May 16, 2019. https://

planetnews.eu/analysis/yanukovych-or-how-the-eumanafort-and-hillary-might-bleed-because-of-trump-585/.

3   "Ukraine Crisis: Transcript of Leaked Nuland-Pyatt Call," BBC, February 7, 2014. https://www.bbc.com/news/world-europe-26079957.

4   U.S. Department of State, "Remarks at the U.S.-Ukraine Foundation Conference," December 13, 2013. https://2009-2017.state.gov/p/eur/rls/rm/2013/dec/218804.htm.

5   Carl Gershman, "Former Soviet States Stand Up To Russia. Will the U.S.?" *The Washington Post*, September 26, 2013. https://www.washingtonpost.com/opinions/former-soviet-states-stand-up-to-russia-will-the-us/2013/09/26/b5ad2be4-246a-11e3-b75d-5b7f66349852_story.html.

6   "Ukraine: Lviv Police Recover Over Half Of Weapons Seized By Protesters," *Stratfor Worldview*, February 20, 2014. https://worldview.stratfor.com/situation-report/ukraine-lviv-police-recover-over-half-weapons-seized-protesters.

7   Gordon M. Hahn, "REPORT: The Real Ukrainian 'Snipers' Massacre,' 20 February 2014," *gordonhahn.com*, March 9, 2016. https://gordonhahn.com/2016/03/09/the-real-snipers-massacreukraine-february-2014-updatedrevised-working-paper/.

8   Jean-Arnault Derens and Laurent Geslin, "New Deal, Same Players," *Le Monde Diplomatique*, April 2014. https://mondediplo.com/2014/04/03ukraine#tout-en-haut.

9   "Contemporary Media Use in Ukraine," *Broadcasting Board of Governors/Gallup*, June 2014. https://www.usagm.gov/wp-content/media/2014/06/Ukraine-research-brief.pdf.

10 Robert Parry, "NYT Discovers Ukraine's Neo-Nazis at War," *Common Dreams,* August 11, 2014. https://www.commondreams.org/views/2014/08/11/nyt-discovers-ukraines-neo-nazis-war.

11 "Conflict-related civilian casualties in Ukraine," UNOHCHR, January 27, 2022. https://ukraine.un.org/sites/default/files/2022-02/Conflict-related%20civilian%20casualties%20as%20of%2031%20December%202021%20%28rev%2027%20January%202022%29%20corr%20EN_0.pdf.

2장

1   Tony Wood, "States of Shock: Shock Therapy, Take Two," *n+1*, Winter 2016. https://www.nplusonemag.com/issue-24/ukraine-supplement/states-of-shock/.

2   "Hundreds of military 'trainers' arrive in Ukraine," *France 24*, April 17, 2015. https://www.france24.com/en/20150417-hundreds-us-military-trainers-arrive-ukraine.

3   "Ukraine Crisis: Deadly Anti-Autonomy Protest Outside Parliament," BBC, August 31, 2015. https://www.bbc.com/news/world-europe-34105925.

4   "Conflict-Related Civilian Casualties in Ukraine," UNHCR, January 27, 2022. https://ukraine.un.org/sites/default/files/2022-02/Conflict-related%20civilian%20casualties%20as%20of%2031%20December%202021%20%28rev%2027%20January%202022%29%20corr%20EN_0.pdf.

5   Digital Forensic Research Lab, "American Lethal Weapons Could Already Be on the Ukrainian Front Line," *Medium*, January 9, 2018. https://medium.com/dfrlab/american-lethal-weapons-could-already-be-on-the-ukrainian-front-line-9dc6fd98630d.

6   Rebecca Kheel, "Congress Bans Arms to Ukraine Militia Linked to Neo-Nazis," *The Hill*, March 27, 2018. https://thehill.com/policy/defense/380483-congress-bans-arms-to-controversial-ukrainian-militia-linked-to-neo-nazis.

7   Glenn Greenwald, "Twenty-Two House Republicans Demand Accountability on Biden's $40b War Spending," *Substack*, May 24, 2022.

8   "Shocking Old Zelensky Clips Resurface, Ukraine Is Lying to You," YouTube, May 2, 2022. https://www.youtube.com/watch?v=Kl2A6RQ-X0.

9   Jonah Fisher, "Zelensky Win: What Does a Comic President Mean for Ukraine?" BBC, April 22, 2019. https://www.bbc.com/news/world-europe-47769118.

10   Aaron Maté, "Siding with Ukraine's far-right, US sabotaged Zelensky's mandate for peace," *Substack,* April 10, 2022. https://mate.

substack.com/p/siding-with-ukraines-far-right-us.

11   Michael Crowley, "Blinken Warns Russia Against Making a 'Serious Mistake' in Ukraine," *The New York Times*, November 11, 2021. https://bdnews24.com/world/2021/11/11/blinken-warns-russia-against-making-a-serious-mistake-in-ukraine.

12   James Dobbins et al., "Overextending and Unbalancing Russia," *Rand Corporation*, 2019. https://www.rand.org/pubs/research_briefs/RB10014.html.

3장

1   Ray McGovern, "Biden and Blinken Blink on Ukraine," *Antiwar.com*, April 15, 2021. https://original.antiwar.com/mcgovern/2021/04/14/biden-and-blinken-blink-on-ukraine/.

2   Vladimir Putin, "Presidential Address to the Federal Assembly," Office of the President of Russia, April 21, 2021. http://en.kremlin.ru/events/president/news/65418.

3   William Burns, "Iraq: the Perfect Storm," U.S. Department of State, 2002. https://carnegieendowment.org/pdf/back-channel/2002MemotoPowell6.pdf.

4   Hans M. Kristensen, Matthew McKinzie, Theodore A. Postol, "How US Nuclear Force Modernization is Undermining Strategic Stability: The Burst-height Compensating Super-fuze," *Bulletin of the Atomic Scientists*, March 1, 2017. https://thebulletin.org/2017/03/how-us-nuclear-force-modernization-is-undermining-strategic-stability-the-burst-height-compensating-super-fuze/.

5   "Daily and spot reports from the Special Monitoring Mission to Ukraine," Organization for Security and Cooperation in Europe. https://www.osce.org/ukraine-smm/reports.

6   "Address by the President of the Russian Federation," Office of the President of Russia, February 21, 2022. http://en.kremlin.ru/events/president/news/67828.

7   "Operational Data Portal: Ukraine Refugee Situation," UN High Commissioner for Refugees, accessed June 16, 2022. https://data.

unhcr.org/en/situations/ukraine.

8   Jake Johnson, "Boris Johnson Pressured Zelenskyy to Ditch Peace Talks With Russia: Ukrainian Paper," *Common Dreams*, May 6, 2022. https://www.commondreams.org/news/2022/05/06/boris-johnson-pressured-zelenskyy-ditch-peace-talks-russia-ukrainian-paper.

9   Benjamin Jensen, "How Does It End? What Past Wars Tell Us about How to Save Ukraine," *Center for Strategic and International Studies*, March 4, 2022. https://www.csis.org/analysis/how-does-it-endwhat-past-wars-tell-us-about-how-save-ukraine.

10   Peter Beaumont and Julian Borger, "US Intelligence Helping Ukraine Kill Russian Generals, Report Says," *The Guardian*, May 5, 2022. https://www.theguardian.com/world/2022/may/05/us-intelligence-helping-ukraine-kill-russian-generals-report.

11   William Arkin, "Putin's Bombers Could Devastate Ukraine But He's Holding Back. Here's Why," *Newsweek*, March 22, 2022. https://www.newsweek.com/putins-bombers-could-devastate-ukraine-hes-holding-back-heres-why-1690494.

12   Mark F. Cancian, "What Does $40 Billion in Aid to Ukraine Buy?" *Center for Strategic and International Studies*, May 23, 2022. https://www.csis.org/analysis/what-does-40-billion-aid-ukraine-buy.

13   Editorial Board, "The War in Ukraine is Getting Complicated, and America Isn't Ready," *The New York Times*, May 19, 2022. https://web.archive.org/web/20220520225126/https://www.nytimes.com/2022/05/19/opinion/america-ukraine-war-support.html.

4장

1   Strobe Talbott, "Why NATO Should Grow," *The New York Review of Books*, August 10, 1995. https://www.nybooks.com/articles/1995/08/10/why-nato-should-grow/.

2   Svetlana Savranskaya and Tom Blanton, "NATO Expansion: What Gorbachev Heard," *National Security Archive*, December 12, 2017. https://nsarchive.gwu.edu/briefing-book/russia-programs/2017-12-12/nato-expansion-what-gorbachev-heard-western-leaders-early.

3   "Opposition to NATO Expansion," Arms Control Association, June 26, 1997. https://www.armscontrol.org/act/1997-06/arms-control-today/opposition-nato-expansion.

4   Madeleine Albright, *Madam Secretary: A Memoir* (Los Angeles: Miramax Books, 2003).

5   Thomas Friedman, "Foreign Affairs; Now a Word from X," *The New York Times,* May 2, 1998. https://www.nytimes.com/1998/05/02/opinion/foreign-affairs-now-a-word-from-x.html.

6   Ronald Suny, "Ukraine war follows decades of warnings that NATO expansion into Eastern Europe could provoke Russia," *The Conversation*, February 28, 2022. https://theconversation.com/ukraine-war-follows-decades-of-warnings-that-nato-expansion-into-eastern-europe-could-provoke-russia-177999

7   James P. Rubin, "Countdown to a Very Personal War," *Financial Times*, September 30, 2000, p.9.

8   Benet Koleka, "Report Details KLA Organ Snatching Ring in Albania," *Reuters*, December 15, 2010. https://www.reuters.com/article/us-kosovo-thaci-organs-idUSTRE6BE42Y20101215

9   Edward Wong and Lara Jakes, "NATO Won't Let Ukraine Join Soon. Here's Why," *The New York Times*, January 13, 2022. https://www.nytimes.com/2022/01/13/us/politics/nato-ukraine.html.

5장

1   Jim Lobe, "Networks covered the war in Ukraine more than the US invasion of Iraq," *Responsible Statecraft*, April 8, 2022. https://responsiblestatecraft.org/2022/04/08/networks-covered-the-war-in-ukraine-more-than-the-us-invasion-of-iraq/.

2   Medea Benjamin and Nicolas J. S. Davies, "The U.S. Drops an Average of 46 Bombs per Day: Why Should the World See Us as a Force for Peace?" *Salon,* January 11, 2022. https://www.salon.com/2022/01/11/the.us.drops.an.average.of.46.bombs.a.day.whyshould.the-world.see.us.as.a.force.for.peace/.

3   Arkin, "Putin's Bombers."

4   Norwegian Refugee Council, "Mosul: Over 300,000 still unable to go back home two years since end of war," *Reliefweb*, July 4, 2019. https://reliefweb.int/report/iraq/mosul-over-300000-still-unable-go-back-home-two-years-end-war.

5   Patrick Cockburn, "The massacre of Mosul: 40,000 feared dead in battle to take back city from Isis as scale of civilian casualties revealed," *The Independent*, July 19, 2017. https://www.independent.co.uk/news/world/middle-east/mosul-massacre-battle-isis-iraq-city-civilian-casualties-killed-deaths-fighting-forces-islamic-state-a7848781.html.

6   Barbie Latza Nadeau, "Russians Accused of Raping and Killing a 1-Year-Old Child, Says Ukraine official," *Daily Beast*, May 20, 2022. https://www.thedailybeast.com/russians-accused-of-raping-and-killing-a-one-year-old-child-says-ukraine-official.

7   Seymour M. Hersh, "The General's Report," *The New Yorker,* June 18, 2007. https://www.newyorker.com/magazine/2007/06/25/the-generals-report.

8   Adam Staten, "Ukraine Official Fired Over Handling of Russian Sexual Assault Claims," *Newsweek*, May 31, 2022. https://www.newsweek.com/lyudmila-denisova-ukraine-commissioner-human-rights-removed-russian-sexual-assault-claims-1711680.

6장

1   "Remarks of President Joe Biden, State of the Union Address as Prepared for Delivery," The White House, March 1, 2022. https://www.whitehouse.gov/briefing-room/speeches-remarks/2022/03/01/remarks-of-president-joe-biden-state-of-the-unionaddress-as-delivered/.

2   "Nations must 'Act Together, Urgently and with Solidarity' to End Crisis of Food Insecurity," *UN News*, May 18, 2022. https://news.un.org/en/story/2022/05/1118562.

3   "Freedom in the World 2022," Freedom House, February 2022.

7장

1 Trends in World Military Expenditure, 2021," SIPRI, April 24, 2022. https://www.sipri.org/sites/default/files/2022-04/fs_2204_milex_2021_0.pdf.

2 Lieutenant General Scott Berrier, "Statement for the Record: Worldwide Threat Assessment," House Armed Services Committee, 2022. https://armedservices.house.gov/_cache/files/5/f/5fa65e01-08c0-4b83-9713-7516a0bc4d62/481DE0F0E6.

3 Susan D'Agostino, "Will Putin Go Nuclear? A Timeline of Expert Comments," *Bulletin of the Atomic Scientists*, April 27, 2022. https://thebulletin.org/2022/04/will-putin-go-nuclear-a-timeline-of-expert-comments/.

4 "Nuclear Posture Review," Veterans For Peace, January 2022. https://www.veteransforpeace.org/files/9316/4261/2131/FINAL-VFPNuclearReview-Jan2022.pdf.

결론

1 Leo Tolstoy, *Essays, Letters, Miscellanies*, (New York: Thomas Y. Crowell, 1899).

나가는 글

1 Théo Pouvost, "Hollande: There Will Only Be a Way Out of the Conflict When Russia Fails on the Ground," *Kyiv Independent*, December 28, 2022. https://kyivindependent.com/hollande-there-will-only-be-a-way-out-of-the-conflict-when-russia-fails-on-the-ground/

2 Branko Marcetic, "The Grinding War in Ukraine Could Have Ended a Long Time Ago," *Jacobin*, February 8, 2023. https://jacobin.com/2023/02/ukraine-russia-war-naftali-bennett-negotiations-peace

3 Annika Ross, "Was sind die Kriegsziele?(What Are the War Goals?)",

EMMA, January 12, 2023. https://www.emma.de/artikel/erich-vad-was-sind-die-kriegsziele-340045

4   "Ukraine's Air Defenses Could Soon Run Out of Missiles, Apparent Pentagon Leak Suggests," *The Guardian*, April 10, 2023. https://www.theguardian.com/us-news/2023/apr/10/ukraines-air-defences-could-soon-run-out-of-missiles-apparent-pentagon-leak-suggests

5   María R. Sahuquillo, "Ukraine Outgunned 10 to 1 in Massive Artillery Battle with Russia," *EL PAIS*, March 1, 2023. https://english.elpais.com/international/2023-03-01/ukraine-outgunned-10-to-1-in-massive-artillery-battle-with-russia.html#

6   William M. Arkin, "Read the Leaked Secret Intelligence Documents on Ukraine and Vladimir Putin," *Newsweek*, April 16, 2023. https://www.newsweek.com/2023/05/05/read-leaked-secret-intelligence-documents-ukraine-vladimir-putin-1794656.html

7   "Update from the Office of the UN Coordinator for the Black Sea Grain Initiative," United Nations, June 15, 2023. https://www.un.org/en/black-sea-grain-initiative/update-15-june-2023

8   Jamey Keaten, "UN Official Hopes for Breakthrough on Russian Food, Fertilizer Shipments," *Associated Press*, May 18, 2023. https://apnews.com/article/russia-ukraine-war-un-grain-deal-127f7fd26fa4ce9c850f9becff34f801

9   "Statements from the 2022 UN General Assembly Calling for a Negotiated Peace in Ukraine," CODEPINK, September 28, 2022. https://www.codepink.org/un_general_assembly_calling_for_a_negotiated_peace_in_ukraine

당신은 우크라이나 전쟁을 모른다

초판 1쇄 펴낸날 2023년 9월 15일

지은이 메디아 벤저민·니컬러스 J.S. 데이비스
옮긴이 이준태
펴낸이 박재영
편집 이정신·임세현·한의영
마케팅 신연경
디자인 조하늘
제작 제이오
펴낸곳 도서출판 오월의봄
주소 경기도 파주시 회동길 363-15 201호
등록 제406-2010-000111호
전화 070-7704-2131
팩스 0505-300-0518
이메일 maybook05@naver.com
트위터 @oohbom
블로그 blog.naver.com/maybook05
페이스북 facebook.com/maybook05
인스타그램 instagram.com/maybooks_05

ISBN 979-11-6873-074-8 03300

만든 사람들
책임편집 이정신
디자인 조하늘